만선동귀집 총송

진우眞愚 스님

1972년 강릉 보현사로 출가한 후 강릉 관음사에서 중고등학교를 다녔으며, 백운 대강백을 은사로 수계했다. 상원사 청량선원, 담양 용흥사 몽성선원 등에서 수선안거, 완도 신흥사·광주 관음사·담양 용흥사 주지, 백양사 총무 소임 후 제18교구본사 백양사 주지, 대한불교조계종 재심호계위원, 사서실장, 호법부장, 기획실장, 총무부장, 총무원장 대행을 역임하였다. 불교신문사장, 제8대 교육원장을 지냈다. 현재 대한불교조계종 제37대 총무원장으로 재직하고 있으며 한국종교지도자협의회 대표의장, 한국불교종단협의회 회장을 맡고 있다.

만선동귀집 총송

萬善同歸集 總頌

진우 스님 강설

조계종
출판사

영명연수의
뜻을
알고
싶은가

전남 담양 용흥사 소장본 『만선동귀집』은
현재 유통되고 있는 대정신수대장경에 수록된
판본의 원본보다 1년 앞선 1071년 중국 동오(東吳)
경덕사(景德寺)에서 간행된 것이라고 한다.
이후 당연히 고려에도 전해졌을 것이다.
용흥사본 간기(刊記)에 의하면
경남 밀양 형원사(螢原寺)에서 상재(上梓)한 것이지만
언제 찍었는지 알 수 없다.
조선의 초의의순(艸衣意恂, 1786~1866) 선사에게
전해졌을 때는 이미 훼손이 심했기 때문이다.
1855년 탈락된 부분을 선사께서 직접 필사 보충하여

다시 만들었다. 따라서 이 책은 원래 목판본과
초의 필사본이 섞여 있다.
2011년 공식적으로 학계에 이 책의 존재를 알렸다.

글·글씨·그림에 능한 일장(日藏) 스님께서 번역한
『한글 만선동귀집』(불광출판사, 1981)의 저본은
최남선이 대표로 있던 서울 신문관(新文館)에서
1919년 발행했던 한문본이다.
한문본 출판을 재정적으로 후원한 이는
김병룡(金秉龍 1895~1956) 선생이다.
거사는 대단한 장서가였다.
그가 소장했던 수천 권의 서적은
성철(性徹 1912~1993) 스님에게 기증되었고
현재 해인사 백련암 장경각에 온전히 보관되어 있다.
물론 그 시절 간행했던 『만선동귀집』도
장경각 한 켠에 자리 잡고 있을 것이다.

『만선동귀집』 저자는
송나라 영명연수(永明延壽 904~975) 선사다.
『종경록』 100권을 저술했다.
인도의 '백권논사'로 불리는 용수(龍樹)보살 이래

최대 저술이라는 평가를 받고 있다.

사실 팔만대장경 요약본이라고 해도 무방하겠다.

하지만 양도 양이지만 내용 역시 쉽지 않은지라

일반 대중의 접근이 용이하지 않았다.

전문가용으로 머물 수밖에 없는 그런 현실을

이미 저자도 인정하고 있었고 또 그것 때문에

보급의 어려움을 적지 않게 느꼈을 것이다.

『만선동귀집』은 총 3권 분량이다.

『종경록』에 포함된 많은 내용이 자연스럽게 녹아있다.

따라서 100권을 3권으로 줄여놓은 것이라고 말해도

크게 어긋나지 않을 것이다.

동일 저자에 의한 저술이며 또 양만 차이가 있을 뿐

형식과 내용이 크게 다르지 않는 까닭이다.

하지만 3권짜리『만선동귀집』도 읽기가 쉽지 않다.

호랑이 새끼도 호랑이인 것처럼

난해함은 여전히 남아 있기 때문이다.

다행스럽게도 마지막 부분에 '총송(總頌)'이란 이름의

게송으로 그 세 권의 내용을 요약해두었다.

산승은 용흥사본『만선동귀집』 소장자라는 인연으로

오래전부터 시간 나는 대로 총송을 조금씩 번역하기 시작했고
또 이해를 돕기 위하여 강설까지 더하여 개인 SNS에 연재해왔다.
이번에 기회가 닿아 조계종출판사의 수고로움이
더해지면서 책으로 세상에 나오게 되었다.

단언컨대 '총송' 부분만 잘 읽고 내용을 제대로 소화시킨다면
『만선동귀집』 3권을 전부 읽은 것과 같다고 할 것이다.
그뿐만 아니라 거기에 더하여 『종경록』 100권을 읽은 것과
다름없는 공덕이 쌓일 것이라고 믿어 의심치 않는다.

영명연수의 뜻을 알고 싶은가?
문 앞에 펼쳐진 호수이니라.
햇살 비치니 맑게 빛나고
바람 부니 물결이 일어나네.

2567(2023)년 맹하지절(孟夏之節)에

대한불교조계종 총무원장

진우 합장

真愚

무량한
선행으로
일심으로
돌아가다

'만선(萬善)'에서

'만(萬)'은 수없이 많음을 뜻한다.

'선(善)'은 자신도 이롭고 남도 이롭게 하는

행(行)을 말한다.

요컨대 무량한 선행을 '만선(萬善)'이라 한다.

'동귀(同歸)'라 함은

부처의 길로 함께 돌아간다는 뜻이다.

부처의 길은 하나의 성품을 말하고,

진여(眞如)의 세계를 말한다.

'만선동귀(萬善同歸)'라는 말은

세간 및 출세간의 무량한 선행으로

일심(一心)으로 돌아감을 뜻한다.
무량한 선행인 만선은
성불의 인(因)으로
함께 일불승의 과(果)로 돌아감을
설명하고 있다.
'만선'은 만 갈래의 길이고
'동귀'는 한 가지의 길이다.
만 갈래는 서로 다름이요,
한 가지는 서로 같음이다.
늘 다르고 늘 같으며,
같지도 않고 다르지도 않음을
'만선동귀'가 말하고자 하는 것이다.

영명연수(永明延壽) 선사는
『만선동귀집(萬善同歸集)』에서
"이름을 빌려 묻는다면
항하사와 같은 수로
대답할 수 있거니와
간략히 한마디로 하면
만선동귀이다"라고 말했다.
그래서 여러 경전에서는

'번뇌가 곧 보리다'

'생사가 곧 열반이다'

'중생이 곧 부처다'라고 했다.

만선만행은 비록 각각 차별 현상이 있을지라도

모두 함께 성불의 길로 돌아가는 것이다.

『만선동귀집』은

선교일치(禪敎一致)를 말하는 개론서라 할 수 있다.

북송 초 선종 중흥시대의 대표적 종장(宗匠)인

영명연수 선사가 실다운 수행을 위해 저술했다.

문답식으로 모두 114조로 구성되어 있다.

무량한 선행인 '만선'은

궁극적 진리(一心)로 돌아간다고 설했다.

여러 경전과 여러 종파의 교의를

정리하여 다시 체계화시킨 책이다.

영명연수 선사는

선(禪)과 염불을 함께 닦을 것을 권장하며

염불선의 터전을 확립했다.

영명연수 선사에 대하여

선禪과
정토의
일치를
주장

영명연수(永明延壽) 선사가
선풍을 일으킬 무렵은
당대 말기 정치·문화·경제·사회·종교 등
각계각층이 혼란한 시기였다.
융성했던 선종도
종파의 특징과 우열을 논하였다.
선교의 대립적 구도로 싸웠고,
선종 각 종파 간의 논쟁도 끊이지 않았다.
이때 영명연수 선사는
불교 종파뿐만 아니라
선종 간에도 간격을 좁히기 위해

'일심(一心)'이라는 가르침으로

모든 종파를 회통하며,

전체 불교를 통합하고자 하였다.

법안종(法眼宗) 3세 영명연수 선사는

904년 단양(丹陽)에서 태어나

나중에 절강성(浙江省) 여항(餘杭)으로 이사하였다.

일찍이 불법에 뜻을 두었고

어린 시절 『법화경(法華經)』을

60일 만에 암송하였다.

10여 세에 오신채를 먹지 않았고

하루 한 끼 식사를 하였다.

28세에 '화정진장(華亭鎭將)'이라는

관리에 등용되어 세금을 거두었는데,

모두 방생에 사용해 체포되었다.

문목왕(文穆王)은

그의 뜻이 출가에 있음을 알고

출가를 허락하여 불문에 들어섰다.

이후 취암영삼(翠巖令參)을 스승으로 출가하였다.

수행을 시작한 뒤

천태덕소(天台德韶 890~972)의 제자가 되어
절강성 국청사에 머물렀다.
법화참법을 닦을 때,
'일생동안 선정에 들고 간경하며,
수많은 정진력으로 정토를 장엄한다
(一生禪定誦經 萬善莊嚴淨土)'라고 적힌
심지를 일곱 번이나 뽑았다.
영명연수 선사는 일생을 참선하며
염불할 것을 서원하였다.

이후 절강성 명주(明州)
설두산(雪竇山)에 머물 때는
매일 아미타불을 염하고,
행도발원(行道發願) 등
108종의 불사를 행하였다.
960년 항주 영은산 신사(新寺),
961년 사주(師州) 영명사(永明寺) 등에 머문 뒤,
다시 천태산에 들어가 1만여 명에게 계를 주었다.
북송 개보(開寶) 8년(975) 2월 28일,
새벽에 일어나 향을 사르고
대중에게 게를 설하였다.

"입으로는 늘 아미타불을 부르고,

마음으로는 언제나 백호광명을 생각하라.

이렇게 지녀 마음이 물러나지 않으면

결정코 안양정토에 왕생하리라

(彌陀口口稱 白毫念念想 持此不退心 決定生安養)."

말씀을 마치고 가부좌한 채 입적하시니

세납 72세, 법랍 42세였다.

이후 황제로부터 지각선사(智覺禪師) 시호를 받았다.

저서로는 『신서안양부(神棲安養賦)』

『주심부(註心賦)』『유심결(唯心訣)』

『만선동귀집(萬善同歸集)』『종경록(宗鏡錄)』 등

백여 권이 있다.

차례

제1장 보리심은   불도는
       일어남   구함
       없이   없이
       일어나며   구한다

제2장 본성이   그림자와
      텅 빈   같은
      세상을   여래께
      장엄하고   공양하라

제3장　무생을　　실상을
　　　　통달하여　통달하여
　　　　향을　　　경을
　　　　사르고　　읽으라

제4장 한바탕 환화와 같은
꿈속의 중생을
불사를 널리
크게 지어 제도하라

제1장

보리심은   불도는
일어남   구함
없이   없이
일어나며   구한다

보리심은 일어남 없이 일어나며
불도는 구함 없이 구해야 한다
아름다운 행은 행함 없이 행하며
참다운 지혜는 짓지 않고 짓는다
대비심을 일으켜 일체가 한 몸임을 깨닫고
대자심 행하여 인연이 없는 곳까지 이르러라
주는 바 없이 보시를 행하고
지키는 바 없이 계를 지켜라
수행 정진하되 일으킬 바 없음을 요달하고
인욕을 익히되 마음 상할 바 없음에 이르도다

01

菩提無發而發
보리무발이발

보리심은
일어남
없이
일어나며

보리심(菩提心)은 깨친 마음,
또는 깨달음의 마음이다.
마음을 깨달으면 일체의 괴로움에서 벗어난다.
티끌만큼의 근심과 걱정이 사라지고
일체의 고통은 없어진다.

보리심의 반대말은 중생심(衆生心)이다.
중생심은 분별(分別)하는 마음이다.
분별이란 이것이 생기므로
동시에 저것이 생기는 것을 뜻한다.
차생고피생(此生故彼生)이다.
즉, 생이 일어나면 죽거나 사라짐이 생긴다.

세상 모든 것은 이미 생겨났으니 언젠가는 사라진다.

태어남이 생기니 죽는 것이 저절로 생겨난다.

즐거움이 생기면 이미 괴로움이 함께 생긴다.

기쁨이 생겨나면 저절로 슬픔이 생긴다.

건강했으니 병이 생긴다.

젊음이 생기니 늙음이 생긴다.

이렇듯 세상의 모든 것은 하나가 생기면

다른 반대의 하나가 저절로 생겨난다.

이를 인과(因果)라 한다.

요컨대 보리심이 생겨나니 중생심이 생긴다.

그래서 '보리심'이라고 생각을 일으키면

이미 보리심이 아니고 중생심이 된다.

마음을 깨친다 하면 깨치지 못함이 생겨나므로

깨친다 함은 이미 깨침이 아니다.

선어록에 '살불살조(殺佛殺祖)'라는 말이 있다.

부처가 나타나면 부처를 죽이고

조사(祖師)가 나타나면 조사를 죽이라는 뜻이다.

오죽하면 이런 말까지 생겼겠는가.

부처라 하면 이미 중생이 생겨나고,

마음을 깨친 조사라 하면

이미 깨치지 못한 범승(凡僧)이 생겨나니,

부처라 해도 안 되고 조사라 해도 맞지 않다.

이를 분별심(分別心)이라 한다.

분별심은 인과를 낳는다.

부처란 괴로움을 여읜 상태다.

반대로 중생은 괴로움 속에서 살아간다.

이로써 '부처는 좋고 중생은 싫다' 하는 것으로 귀결된다.

분별과 인과는 결국 좋고 싫은 고락(苦樂)의 감정이다.

인과의 정확한 의미는 좋고 싫은 고락의 분별이다.

따라서 '이것은 좋고, 저것은 싫다'로 귀결된다.

고락의 분별은 영원하지 않다.

좋은 것이 생기면 싫은 것은 저절로 생긴다.

영원하지 않는 고락의 분별 속에서

중생은 '좋다 싫다' 하며 고락을 윤회(輪廻)하게 된다.

다시 말해, 고(苦)가 낙(樂)이 되고 낙이 고가 되는

고락의 분별이 돌고 도는 삶을 살고 있다.

좋다는 것과 싫다는 것의 질량은 똑같다.

이를 업(業)이라고 한다.

업은 누구나 똑같다.
다만 좋은 것이 나타날 때와
싫은 것이 나타날 때가 다를 뿐이다.

'보리심은 좋은 것'이라는 잠재의식이
결국, '중생심은 싫은 것'이라는 인과를 낳게 된다.
'보리심'이라고 하는 순간 이미 보리심이 아니다.
때문에 보리심은 결국 보리심이라고 하는
분별된 생각을 하지 않아야 진정한 보리심이다.

어떤 경우에도
보리심이라는 분별을 하는 즉시 중생심이 생긴다.
보리심이든 중생심이든 일체의 분별을 하지 않아야 한다.
그럴 때 즉시 보리심을 이루어 괴로움이 사라진다.

이러한 뜻을 그대로 일상생활에 적용해보자.
좋은 것을 바라고 원할수록 싫고 나쁜 인과가 생긴다.
어떤 경우에도 '좋다 싫다' 하는 분별을 하지 않아야
보리심 즉, 괴로움이 없는 평안한 마음을 찾을 수 있다.

좋은 인생이라 함은 행복한 삶을 말한다.

이것은 괴로움이 없는 삶이다.

대개의 사람들은 괴로움이 없는 삶을 위해

즐겁고 기쁜 것을 추구한다.

그래서 돈과 명예, 장수와 권력을 가지려 한다.

좋다고 하는 것은 싫고 나쁜 인과를 똑같이 낳는다.

자가당착(自家撞着) 속에서 착각하며 살아갈 뿐이다.

그러니 '좋다' 하는 것이나 '싫다' 하는 것의

고락 분별을 여의어야 괴로움에서 벗어날 수 있다.

좋은 것에 집착하지 말라.

싫고 나쁜 것이 생겨난다.

그러므로 매사에 감정을 얹지 말라.

좋다 하는 감정을 내지 않아야

싫고 나쁜 감정의 업이 생겨나지 않는다.

그리하면 저절로 평안이 찾아온다.

佛道無求而求
불도무구이구

불도는
구함 없이
구해야
한다

제1구 '보리무발이발(菩提無發而發)'의
보리심은 일어남 없이 일어나야 한다는 뜻과
일맥상통하는 게구(偈句)이다.

불도(佛道)를 구한다는 것은
부처를 이룬다는 의미다.
부처는 괴로움을 완전히 여읜 자리를 말한다.
그렇다면 괴로움은 왜 생기는 걸까?
즐겁고 기쁘고 좋은 것을 알고 있으며
또 그것을 얻으려 하기 때문에 괴로움이 생긴다.
만약 괴로움이 없다면 즐거움을 얻을 필요가 없다.
따라서 즐겁고 기쁘고 좋다는 것은

곧, 괴롭고 슬프고 싫은 것이
원인이 된다는 것을 알아야 한다.

불도를 구하려는 것은
괴로움을 없애기 위함인데
괴로움을 없애기 위해서는 즐거움이 있어야 한다.
즐거움과 괴로움이라는 인과(因果)가 생긴다.
따라서 좋고 싫음의 고락(苦樂)이
서로가 서로를 낳게 되므로,
결코 불도를 이룰 수 없다.
그러니 불도를 구한다는 생각마저 없어야
진정한 부처의 자리를 찾을 수 있다는 뜻이다.

부처는 따로 있는 것이 아니라
내 마음에 이미 간직되어 있다.
이 말은 구하려는 마음마저 완전히 사라질 때
바로 그 자리가 부처라는 뜻이다.
다시 말해 구하거나 구하지 못하는
두 분별심(分別心)이 완전히 끊어졌을 때,
이를 확철대오(廓撤大悟)라 하고
깨달음이라 이름한다.

'구함 없이 구하라'는 뜻을
일상생활에 대입하면 많은 고민이 해소될 것이다.
'성공하려면 성공하기를 바라는 마음 없이
성공해야 한다'는 말이 된다.
성공을 하려는 것은,
성공을 해야 괴로움이 사라지고,
더불어 즐거움, 기쁨, 평안이 얻어진다고
기대하기 때문이다.

그러나 위에서 설명한 대로
성공으로 말미암아 즐겁고 행복한 마음이 생기고,
이러한 인과로 말미암아 괴로움과 슬픔,
그리고 불안이라는 실패가 생긴다.
성공은 결코 성공이 아닌 것이 된다.

진짜로 성공하려면
성공하겠다는 생각조차 버려야 한다.
왜냐하면 성공의 즐거움이라는 인과로 말미암아
괴로움의 실패가 생기기 때문이다.
따라서 성공이라는 즐거운 생각과 감정을 일으키지 않아야
괴로움이라는 실패 또한 생기지 않는다는 말씀이다.

우리 삶을 들여다보면
'오늘은 이런 일을 하고 저런 일을 해야지' 하며
대부분 목적과 계획을 세우며 살아간다.
마음먹은 대로 잘될 때는
당연히 즐겁고 기쁘고 기분이 좋아진다.
반대로 목적과 계획이 조금이라도 틀어지거나 망가지면
괴롭고 슬프고 기분이 나빠진다.

마음먹은 대로 일이 잘되어
기분이 좋아지는 것은 당연하다.
기분이 좋아진 것에 대한 인과의 과보로 말미암아
기분이 나빠지는 일이 언제 어디에서든
일어난다는 것도 알아야 한다.
따라서 일이 잘되어 기쁜 것도 고락의 인과 때문이요,
슬픈 것도 고락의 인과 때문이다.

만약 기분이 좋은 것도 없고
기분이 나쁜 것도 없는
즉, 고락의 분별 인과가 애초에 없다면
당연히 기분 좋은 일도 없고
기분 나쁜 일도 일어나지 않을 것이다.

중요한 것은 일이 이렇게 되든지 저렇게 되든지
일 자체는 인연 연기(緣起)에 따라 일어날 뿐이다.
그럼에도 자신의 마음인 싫다거나 좋다 하는
고락의 인과에 의해 일이 잘되고 잘못되는 것처럼
착각하게 된다는 것이다.

오늘도 분별하지 않고
중도(中道)의 마음을 가지라는 말밖에 할 말이 없다.
그러기 위해선 기도와 참선, 보시와 정진도 함께할 일이다.

03

妙用無行而行

묘용무행이행

아름다운
행은
행함 없이
행하며

묘용(妙用)이란

신묘한 진리의 작용을 말한다.

다르게 말하면 저절로 완벽한 모습이다.

세상 일체의 모든 움직임들은

인연(因緣) 연기(緣起)에 따라

한 치 오차 없이 돌아가고 있다.

이를 묘용이라 한다.

그러나 문제가 생겼다.

내가 그렇게 보지 않는다는 것이다.

보는 것마다 듣는 것마다 이러쿵저러쿵 간섭을 한다.

좋다 싫다 하며 분별을 서슴없이 한다.

각자의 고락(苦樂) 업(業)에 따라
세상을 좋은 모습 싫은 모습으로
각자 다르게 본다.

각자의 고락 업에 의해 인연 과보로써
생로병사(生老病死) 성주괴공(成住壞空)할 뿐이다.
힘들고 억울한 일은 본래 없다.
자신의 인과를 모르고 분별 망상에 의해
스스로 착각할 뿐이다.
좋다 싫다 하는 고락의 분별만 하지 않으면
그대로가 묘용의 세계이다.

각자 스스로가 자업자득(自業自得)할 뿐이다.
각자 스스로 분별 망상을 벗어나면 된다.
내 인생을 남이 대신 살아줄 수 없듯이
각자가 지니고 있는 고락의 업은
스스로 해결하고 없애는 수밖에 없다.

설혹, 도움을 받거나 주는 것은
좋고 싫은 고락이 오갈 뿐이다.
고락의 인과 업은 계속될 수밖에 없다.

도움을 주고받는 것으로 고락의 업이 사라지거나
해결되는 것은 아니기 때문이다.
주고받는 것 또한 좋다 싫다 하며 분별하지 않고
중도의 마음을 가져야 고락시비가 붙지 않는
자비 묘용의 행이 된다.

세상이 아무리 복잡하고 시끄럽다 해도
인연 연기에 따라 완벽하게 인과로 움직이고 있다.
내가 그렇게 보고 듣지 않고,
좋다 싫다 하며 분별하지 않으면
그대로 정토(淨土)이다.
보고 듣고 움직이는 것마다
묘용이 아닐 수 없다.

그러므로 마음 밖에서 일어나는 일들은
내 마음을 비추는 거울에 지나지 않는다.
혹여 마음에 들지 않는 모습이 나타나면
'좋다 싫다' '옳다 그르다' 하며
고락시비(苦樂是非)를 일삼을 것이 아니라,
'나의 업이 아직 여기에 머물러 있구나!' 하고
자신을 관조(觀照)하며

스스로 참회와 기도, 참선과 정진에
더욱 매진해야 한다.

그리하여 분별하지 않고 행함으로써
행함이 없는 행
즉 아름다운 묘용이 되어
일체의 장애가 사라지고
모든 고통과 괴로움을 벗어나
니르바나의 언덕에서
아름다운 미소를 머금을 것이다.

04

眞智無作而作
진지무작이작

참다운
지혜는
짓지 않고
짓는다

지혜(智慧)는 지식(知識)이 아니다.
지식이 아무리 많아도
지혜롭지 못할 때가 많다.
참다운 지혜란 언제 어디서 무엇을 하든
한 점 불편함이 없는 상태를 말한다.
걱정 근심이 없어야 하고
조금의 괴로움도 없어야
참다운 지혜라 할 수 있다.

지혜를 가지려면 우선 분별심이 없어야 한다.
무분별(無分別)은 감정 기복이 없는 것을 말한다.
이것과 저것을 구분하지 말라는 뜻이 아니다.

본래 좋고 나쁘고 옳고 그른 것은 없다.
다만 있는 그대로의 그것일 뿐이다.
하지만 있는 그대로의 모습을 알아차리지 못하고
좋다 싫다 하며 고락시비(苦樂是非)를 일으킨다.

좋은 기분을 일으키면
나쁜 기분의 과보가 생긴다.
따라서 감정 기복이 심화되고,
희로애락(喜怒哀樂)이 계속 반복된다.
아무것도 아닌 일에도
기분을 상하기도 하며,
때로는 우울증과 조울증 등이 나타나면서
정신적인 안정을 찾기 어려워지기도 한다.

그러하기에 아무리 돈이 많고
권력과 지위가 높다 하더라도
고락(苦樂)을 윤회하는 인과(因果) 업(業)이
두텁게 쌓이면 정신적으로 피폐해진다.
아무리 완벽한 환경에서도
스스로 고통과 괴로움의 과보를
감당하기 어려워진다.

'이렇게 되어야 하는데'
'저렇게 되지 말아야 하는데'라는
기대에 집착하면 마음이 불편해진다.
동시에 근심 걱정이 없는
지혜의 종자가 사라지게 되어
항상 불안과 불편을 동반하게 된다.

그렇다면 근심 걱정이 없는
참다운 지혜는
어떻게 하면 얻을 수 있을까?
인연(因緣) 연기(緣起)에 무조건 맡기고
기대와 집착을 놓으면 된다.
원하는 대로 잘되지 않을 때는
'아! 인연이 아닌가 보다' 하고
얼른 집착을 놓으라는 말이다.

집착은 마음에 들 때까지 애를 쓰는 모습이다.
애를 쓰면 쓸수록 노심초사하여 기분이 상하고
좋지 않은 기분은 그대로 업장에 쌓인다.
그 버릇이 다음에 또 인과가 되어 생겨나므로
설사 일이 억지로 성사된다 하더라도

상처뿐인 영광이 되고 만다.

지옥에서도
지옥의 인연 연기에 맡기고
마음을 놓아버리기만 하면
그 즉시 지옥은 지옥이 아니게 되고,
평안한 정토(淨土)가 된다는 사실을
믿고 의심하지 않아야 한다.

극락과 같이
아무리 완벽한 조건을 갖추었다 해도
집착하는 마음이 있으면
더 이상의 것을 끊임없이 원한다.
따라서 극락이 극락이 아니게 되고
순식간에 지옥으로 변하게 된다.

그러하여 이렇게 되는 것도
완벽한 인연이요,
저렇게 되는 것도
완벽한 연기의 모습이라는 것을
믿고 의심하지 말아야 한다.

원하는 대로 되지 않는다는 것을 알고서
고집도 버리고, 집착을 놓고 또 놓는
습관을 자꾸 길러야 한다.

이러한 연습과 훈련을 쌓아 나간다면
언젠가는 하는 짓마다
평안하고 편안한 가운데
감정 기복이 사라질 것이다.
그리하여 짓지 않음으로써 짓는
참다운 지혜를 갖추게 되는 것이다.

그러나 결코 생각만으로는
이루어지는 것은 없다.
바로 이러할 때
기도와 참선, 보시와 정진이
반드시 필요하다.

05

興悲悟其同體

흥비오기동체

대비심을
일으켜
일체가
한 몸임을
깨닫고

대비심(大悲心)이란 보살의 마음을 뜻한다.

보살은 나와 너를 분별하지 않는다.

여기서 나와 너라는 것은

좋아하거나 싫어하는

고락(苦樂)의 감정을 말한다.

보살의 마음에는

누구는 예뻐하고 누구는 미워하는 마음이

있을 수가 없다.

또한 세상의 모든 것은

서로 서로 인드라망처럼 연결되어

나와 너가 따로 있을 수가 없다.

한 몸 안에는 눈, 귀, 코 등
수만 가지 요소로 구성되어 있지만
그 가운데 어느 것도 내 것 아닌 것이 없다.
사바세계에 있는 먼지 하나까지도
나와 무관할 수 없는 것이다.

그러하니 어느 것은 좋아하고
어느 것은 싫어하며
어떤 사람은 좋아하고
어떤 사람은 싫어하는 분별심은
열 손가락 가운데
어느 손가락은 내 것이라 좋아하고,
어느 손가락은 내 것이 아니라며
싫어하는 것과 다름없다.
이와 같은 어리석은 마음을
중생심이라고 한다.

무엇보다도 이것은 이래서 좋고
저것은 저래서 싫다 하는 마음은
인과(因果)라고 하는 업(業)을 낳는다.
따라서 '좋다'라고 하는 분별심으로 인하여

'싫다'라는 과보(果報)를 낳게 된다.
그렇기 때문에 고통과 괴로움의 업보가
끊임없이 생길 수밖에 없다.

자신의 고락 업에 묶여서
인과의 진리를 깨닫지 못하고,
작은 일이나 큰일이나
좋다 싫다, 옳다 그르다 하며
끝없이 집착하여 분별한다.
그리하여 스스로 인과 업에서 헤어나지 못하고
끝없이 육도(六道)를 윤회하는 모습을 보면서
안타까워하는 보살의 마음이
연민심이고 대비심이라 할 수 있다.

그러니 설사 마음에 들지 않는 사람을 보고
미워하는 마음이 생겼다고 하자.
이는 그 사람의 잘못이라기보다
먼저 내 마음속에
미움이라는 분별심이 있기 때문에
상대가 미워진다는 사실을
똑바로 직시해야 한다.

설사 그 상대가 아니더라도 똑같이
또 다른 사람을 미워하게 되어 있다.
그러니 이는 결코 상대의 문제가 아니다.

그러므로 혹여 사람을 미워하게 된다면,
'아직도 내 마음속에
미움이라는 분별이 남아 있구나' 하며
먼저 자신의 분별심을 점검해야 한다.
분별심이 없어야
싫고 나쁘고 괴롭고 힘든 일이
생겨나지 않을 뿐만 아니라
미워하는 사람마저도 생겨나지 않기 때문이다.

그러므로 '내가 옳네, 네가 그르네' 하면서
시시비비를 일삼으며 좋고 싫음을 따진다면
이는 상대와의 시시비비와 관계없이
나 스스로 기분 나쁜 과보를 받게 되는
기현상이 벌어지게 된다.

상대방 또한 나의 입장과 전혀 다르지 않다.
문제의 해결은커녕 서로 기분만 나쁘고

인과의 업만 쌓인다는 사실을 명심해야 한다.
가능하면 고락시비(苦樂是非)에
감정을 담아서는 안 된다.

오늘도 기도와 참선, 보시와 정진으로
분별심 없는 하루가 되기를⋯.

06
—
行慈深入無緣
행자 심입 무연

대자심을
행하여
인연이
없는 곳까지
이르러라

자비(慈悲)란

좋고 싫은 두 마음의 분별심을

완전히 여의면 저절로 나타나는

행(行)을 말한다.

좋고 싫은 분별이 없으므로

조금의 걸림도 없기 때문에

언제 어디서나 자유롭고 평안한 마음에서

저절로 나오는 행동이다.

그래서 무애행(無碍行)이라고도 한다.

도움을 직접적으로 주고받는 것은 아니다.

인연 연기의 순리에 따라서

좋아하고 싫어하는 분별된 감정을
없애기만 하면 된다.
마음이 이렇게 자유롭고
평안하다는 것을 보여줌으로써
이를 보는 이의 마음을 스스로 깨닫게 만든다.
고락의 업을 멸할 수 있도록
보여주는 자체가 자비이다.

만약 도움을 준다고 해도
도움을 받는 이가 도움에 도취되어
즐겁고 좋은 것에 대해 집착하면
곧바로 과보가 생겨서
싫고 괴로운 마음을 만들 뿐이다.
설사 도움을 줬더라도
결코 도움이 되지 않으며
고락의 업만 짓게 할 뿐이다.
이와 같은 도움은
결과적으로 자비가 아니다.

사람들은 남의 것을 받거나
도움받는 것을 좋아한다.

이를 자비라 착각하기도 한다.
그러나 도움을 받아서 좋은 것만큼의
나쁜 과보가 생긴다.
결국 인과의 업에 묶일 뿐이므로
일시적인 모면에 불과하다.

그렇다고 도움을 주고받지 말라는 것은 아니다.
다만 도움을 주는 이는
도움을 준다는 분별심을 갖지 않아야
좋아하거나 싫어하는 인과가 생기지 않는다.
도움을 받는 이 역시
고마워하는 마음은 충분히 가지더라도
도움을 받는 것에 도취되어
바라는 마음을 계속 가지면
도움이 없을 때는
그 아쉬움이 더욱 커져서
인과의 과보가 계속 이어질 수밖에 없다.

'자비를 행하되
인연이 없는 곳까지 이르라'는 것은
곧 나와 가까운 사람은 자비를 행하고,

나와 관계없는 사람에게는 행하지 않는
분별을 하지 말라는 뜻이다.
자비는 깨친 마음에서 나오는
걸림 없는 행동이기 때문에
마음을 깨쳐 자비행을 하는 이는
절대 차별이나 분별행(分別行)을 할 수가 없다.

물질적으로 자비를 행하는 것은
일시적인 도움일 뿐이다.
영원한 도움을 주려면
마음에 좋고 싫은 고락의 분별을 없애
걱정 근심 자체가 생기지 않는
모습을 보여야 한다.
이와 같은 모습을 보고
스스로 마음을 깨달아 분별을 여의게 된다면
이것이야말로 진정한 자비희사(慈悲喜捨)이다.

참자비는 물에 빠진 이를 우선 구하여
옷과 먹을 것을 주는 행이다.
그 다음 다시는 물에 빠지지 말 것을 타일러서
스스로 물에 빠지지 않게 깨닫도록 하는 것이다.

여기서 물에 빠진다는 의미는
좋고 싫은 고락의 인과를 말한다.
그리고 옷과 먹거리는
고락의 분별심으로 나타나는
인연 연기를 말한다.

좋고 싫은 고락의 분별심이 없으면
옷과 먹거리가 없는
좋지 않은 악연을 만나지도 않는다.
그뿐만 아니라 설사 악연을 만나더라도
인연 연기에 순응할 뿐
좋고 싫은 분별심을 일으키지 않는다.
따라서 없어도 그만이요, 있어도 그만이니
마음에 걸림이 없어 평안하기만 하다.

자비의 참맛
즉, 무한한 평안을 느끼려면
분별의 업장을 녹여야 한다.
우선 기도와 참선, 보시와 정진만이
좋고 싫은 고락의 분별 업을 조금이나마
녹일 수 있을 것이다.

07

無所捨而行檀

무소사이행단

주는 바
없이
보시를
행하고

보시(布施)하는 이를 단월(檀越)이라 한다.

산스크리트어 'dāna'를 음사한 말이다.

팔리어는 'pati'라 한다.

행단(行檀)은 보시 또는 시주를 행한다는 뜻이다.

보시는 주는 바 없이 주어야 한다.

준다고 생각하면

이미 내 것이라는 전제가 있기 때문에

보상 심리가 발동하여

우쭐대는 마음이 생긴다.

만약 상대가 고마워하지 않거나 모른 척한다면

기분이 나빠지고 때로는 화가 나기 마련이다.

그러면 이미 스스로 마음이 불편해지고
좋고 싫은 분별심으로 인하여 인과가 생긴다.
그렇기 때문에 이는 주어도 준 것이 아니다.
또 하나 중요한 것은
세상에 내 것이란 것은 본래 없다는 사실이다.
인연 연기에 의해 들어왔다가 나가기도 하고
나갔다고 들어오기도 할 뿐이다.
더군다나 태어날 때 가져온 것도 아니고
죽을 때 가져가는 것도 아니다.

명심해야 할 것은
내 것이라는 상(相)을 내는 즉시
기분이 좋아지는 분별이 생긴다.
그 인연 과보로 말미암아
그만큼 기분이 나빠지는 인과가 생긴다.
기분이 나빠진다는 것은
어떤 식이건 내 것이 반드시 나갈 수밖에 없는
필연(必然)이 생긴다는 의미다.

그러므로 들어올 것은 인연에 의해 들어오고
나갈 것은 인연에 의해 나가게 된다.

이렇게 들고 나는 것은
인연 연기의 작용에 불과하다.
그럼에도 들어올 때 좋아하고
나갈 때 싫어하는 인과의 놀음에
감정이 휘둘리면
좋았다 싫어지는 고락을
스스로 자초하는 꼴이 되고 만다.

그래서 들어오면 들어오는 대로
나가는 것은 나가는 대로
인연 연기의 순리에 맡기고
집착하지 않아야 한다.
집착하는 마음과 좋고 싫은 분별심을 떠나
평안한 마음을 얻으려면
무조건 주어도 준 바 없이 보시를 행해야 한다.
그래야 내 것이라는 상(相)에서 벗어나
인연 연기에 순응하게 된다.
그래서 집착과 분별에서 오는
괴로움을 떨칠 수가 있다.

또 한 가지 잊지 말아야 할 것은

나갈 것은 인연 연기에 의해
아무리 막아도 나가게 되어 있다.
나갈 때가 되면
사기를 당하든지, 도둑을 당하든지,
분실을 하든지, 불이 나든지, 사고를 당하든지
어떤 식으로든 나가게 된다.
그러므로 나가기 전에 미리 좋은 마음으로
주어도 준 바 없이 보시를 해야 한다.
그렇게 되면 그 복(福)이 단월이 되어
괴로운 일이 미연에 방지되는 효과가 생긴다.

더욱 중요한 것은
설사 어떤 식으로든 나가는 것에 대해
아쉬운 마음, 불편한 마음,
집착하는 마음을 갖지 말아야 한다.
이 또한 인연 연기에 의해 들어오고
나가는 것임을 명심해야 한다.
쓸데없이 불편한 마음가짐으로
스스로를 괴롭히지 말아야 한다.

양(梁) 무제(武帝)가 달마 스님께 물었다.

"내가 수천 개의 절을 지었는데
공덕이 얼마나 되겠습니까?"
달마 스님이 말했다.
"아무런 공덕이 없습니다."
"왜 그렇습니까?"
"절을 짓는 것은 인연이 닿았을 뿐이고,
본래 내 것이 없는 것입니다.
나의 공덕이라 하는 즉시 인과가 생깁니다.
그 과보로 인해
공덕이 아닌 일이 또 생기고 맙니다.
결국 공덕이 없는 것이 됩니다."

08

無所持而具戒

무소지이구계

지키는 바
없이
계를
지켜라

마음을 깨달으면

계행(戒行)은 저절로 이루어진다.

바꾸어 말하면

마음을 깨치기 위해서는

계(戒)를 지켜야 한다.

계를 어기는 것은

욕심을 채우기 때문이다.

욕심은 일시적으로 괴로움을 피하고

즐겁고 기쁜 마음을 갖기 위한 것이다.

즐겁고 기쁜 마음은

상대적으로 괴롭고 슬픈

인과가 따르기 마련이다.

그에 따른 과보가 생겨서

고통과 괴로움이 다시 기다리고 있다.

살생(殺生)을 하는 것은

상대를 죽임으로써

나를 만족시키기 위한 행위이다.

만족이 다하면 곧바로 불만족이 생기면서

그에 따른 과보를

필연적으로 받을 수밖에 없다.

그래서 고통과 괴로움을

피할 수가 없다는 사실을 알아야 한다.

이처럼 살생을 포함하여

도둑질과 사음(邪淫)은

몸으로 짓는 죄업이다.

거짓말하고 욕설하는 것은

입으로 짓는 죄업이다.

탐진치(貪瞋癡) 삼독(三毒)은

생각으로 짓는 죄업이다.

행동으로, 말로, 생각으로 짓는

신구의(身口意) 삼업(三業)도
당장의 만족은 있을지라도
그 과보를 피할 수 없다.

만약 죄를 짓고도
용케 피할 수 있다 한들
어떤 방식으로든
괴로운 일을 감당할 수밖에 없다.
남이 모른다고 하여
그 인연 과보가 없어지는 것은
절대 아니다.

계를 지키려 하는 마음을
가지는 것은 좋다고 할 수 있다.
하지만 계를 지켜야 한다는
주관적인 생각을 하다보면
지킨다는 것에 집착해
또 다른 분별심이 생긴다.
따라서 스스로를 괴롭히게 된다.
그러므로 지키는 바 없이
계를 지켜라 하는 것이다.

어떤 스님이

강을 건너지 못하는 여인을

업어서 강을 건네주었다.

그리고는 한참 후

같이 간 도반스님이

"어찌 출가 수행자가

여인을 업을 수 있습니까?" 하며

계를 어긴 것에 항의를 했다.

그 스님은 이렇게 말했다.

"자네는 아직도 여인을 업고 있는가?

나는 이미 여인을 내려놓았네!"

이 일화에서 알 수 있듯이

집착으로 인해 스스로를 괴롭히지 말라는 것이

계의 본질이다.

이는 집착이 곧 분별을 낳고

분별이 곧 계를 어기게 된다는 결론이다.

정리하자면,

기본적으로 분별을 하지 않으면

좋은 것에 욕심이 생기지 않게 된다.

좋은 것을 가지려는 욕심이 없으면
욕심을 채우려는 행동을 하지 않게 된다.
따라서 계를 어길 일이
애초에 생기지 않는다.

그럼에도 불구하고
살다보면 어쩔 수 없이
계를 어기는 경우가 허다하다.
선택의 여지가 없을 때가 있다.
이럴 때 분별하는 마음만 갖지 않는다면
여인을 업은 스님처럼
자연스럽게 행동하며 집착하지 않게 된다.
이는 계를 지키고 어기는 차원을 넘어선
무애(無碍)의 행동이다.

따라서 좋고 싫은 분별심으로 계를 어기면
반드시 그에 상응한 고통의 과보를 받게 된다.
분별심 없이 하는 걸림 없는 무애행(無碍行)은
설사 옆에서 보기에 계를 어긴 것처럼 보일지라도
이는 지키는 바 없이 계를 지킨 것이 된다.

핵심은 분별심을 여의면
저절로 계를 지키게 된다는 것이다.
죄는 자성(自性)이 없기 때문에
분별심이 없으면 죄도 없고 계도 없다.
일상의 모든 상황에서도
좋고 싫은 감정을 얹지만 않으면
많은 문제가 해결될 것이다.

09

修進了無所起

수진료무소기

수행
정진하되
일으킬 바
없음을
요달하고

탐진치(貪瞋癡) 삼독심(三毒心)으로

탐하고 성내고

분별 망상(妄想)하는 것은

고통과 괴로움만 계속 반복할 뿐이라는 것을

분명하게 알고서

다시는 어리석은 짓을

일으키지 말아야 한다.

따라서 이를 완전히 끊고 마칠 때까지

수행과 정진을 계속해야 한다는 뜻이다.

탐심과 성냄,

좋고 나쁜 분별 망상을 하는 이유는

더 좋고 더 즐겁고 기쁘기 위함이다.
이는 쥐가 쥐약을 좋아하며 먹듯이
결국 곧바로 인과(因果)가 생긴다.
똑같은 질과 양으로
더 싫고 더 괴롭고 슬픈 일의
과보로 이어진다는 사실을
잊지 말아야 한다.

그래서 일거수일투족(一擧手一投足)
행하는 모든 일에
좋고 싫은 분별 망상을
일으키지 말라는 것이다.
혹여 자신도 모르게
탐하고 성내고
분별 망상을 일으켰다면
즉시 인과 업을 지은 것에 대해
다시 한번 상기하고
참회(懺悔)해야 한다.
중생의 어리석음을
뉘우쳐야 한다는 말이다.

머리로만 이해하고
일상생활에서는 까맣게 잊어버리고
분별 업을 반복하여 짓는다면
항상 괴로운 일이 끊이질 않을 것이다.
말을 할 때나
생각을 할 때나
행을 할 때마다
분별 인과를 생각하여
좋고 싫은 감정을 일으키지 말아야 한다.

기분 좋은 일이 생길 때나
기분 나쁜 일이 생길 때나
이는 모두 나의 분별 업에 따른
인과 연기인 줄 알아야 한다.
따라서 좋은 것에 집착하거나
싫고 나쁜 것에 집착하는
마음을 일으키지 말고
시시비비를 놓고 또 놓아
스스로의 마음을 평화롭게 하는
습(習)을 길러야 한다.

세상을 들었다 놓았다 하는
재주를 가졌다 해도
정치가 어떠니 경제가 어떠니 하며
세상을 모두 구제하는 일을 한다 하자.
그렇더라도 이 모든 현상들은
일어났다 사라지는 파도와 같이
인연 연기의 모습일 뿐이다.
이를 알고서
괜히 마음을 어지럽히지 말지어다.

10

習忍達無所傷
습인달무소상

인욕을
익히되
마음 상할
바 없음에
이르도다

인욕(忍辱)이란

나를 욕되게 하는 것에 대해

참는 것을 말한다.

무엇이 나를 욕되게 하는가?

상대가 나를 화나게 하는 것이 욕됨일까?

그렇게 착각할 수도 있으나 아니다.

실은 성을 내는 나 자신의 업이

나 스스로를 욕되게 하는 것이다.

화가 난다는 것은

내가 바라는 바가

이루어지지 않기 때문이다.

또 내가 원하는 대로
상대가 따라주지 않으니 화가 난다.
원하는 것이 이루어지면
만족하는 마음이 생긴다.

하지만 원하는 것을 이룬다는 것은
원하지 않는 것이 있기 때문에
원하는 것이 생기는 일이다.
만족하는 마음이 있으면
만족하지 않는 인과가
생겨날 수밖에 없다.
원하지 않는 것 또한
과보로 나타날 수밖에 없다.
바로 이때 화가 나는 것이다.

그러므로 인욕은
화가 나는 것에 대해 참아야 한다는
뜻도 있지만
그보다 더 근본적으로
원하고 바라는 마음을
애초에 가지지 않아

참을 것이 없다는 이치를
자각하는 것이다.
원하고 바라는 것이 있으니
원하지 않고 바라지 않는 것이
인과로써 생긴다.
이를 분별이라 하고
인과라 하는 것이다.

정리하자면,
무조건 참는다고 능사가 아니다.
왜냐하면 무조건 꾹꾹 참는다고 하여
분별이 사라지는 것이 아니기 때문이다.
인욕이란 자꾸 분별하려는 마음을
참으라는 뜻이다.

참으면 병이 된다는 말이 있듯이
참아야 하는 근본적인 원인을 모르고
무조건 참는다는 것은
오히려 마음을 더욱 괴롭히는 일이다.
참는 것이 누적되면
언젠가는 폭발하는 경우가 다반사다.

그래서 인욕을 닦으면서
마음에 손상을 입으면 안 된다는 뜻이다.

그렇다면 어떻게 인욕을 해야 할까?
인과를 제대로 알면
원하는 바가 없어지고
따라서 분별심이 사라지게 된다.
그러하여 참아야 할 것도
화를 낼 이유도 없게 되는 것,
그래서 전혀 마음 상할 필요가 없다는 것,
바로 이것을
진정한 인욕이라 한다.

화가 나면 일단 인욕하면서 참아야 한다.
그러나 근본적인 해결은 아니다.
시시분별하기 전에 자신을 돌아보아야 한다.
화의 근원이 무엇인지 살피고
사물을 있는 그대로 보는지 살펴야 한다.
좋고 나쁜 분별 업을 알아차려야 한다.
자신의 무지를 알아차려야 한다.
다시 말해, 화의 근원이

상대가 아니라 나에게 있음을 직시해야 한다.
그래서 좋은 것을 원하면
나쁜 것을 싫어하는 인과가 생기기 때문에
좋은 것, 나쁜 것을 분별하지 않아야 한다.
그래야 인과 또한 생기지 않는다.
이때 드디어 인욕을 통달하게 되는 것이다.
그렇게 해야 싫고 나쁜 과보 또한 없어진다.
이러한 인과의 도리를 완전히 체득하여
마음에 한 점 근심 걱정이 없는 것,
이것이 진정한 인욕이라 할 것이다.

제2장

본성이
텅 빈
세상을
장엄하고

그림자와
같은
여래께
공양하라

반야란 경계가 일어나지 않음을 깨닫는 것이며
선정은 마음이 머물지 않음을 아는 일이다
몸이 없음을 비추어 보이는 모습을 원만히 하며
설할 것이 없음을 깨달아 법을 설하도다
물에 비친 달그림자 도량을 건립하여
본성이 텅 빈 세상을 장엄하라
환상과 같은 공양거리를 장만하여
그림자와 같은 여래께 공양하라
죄가 본래 없는 줄을 알아 참회하고
법신이 항상 머물러 있기를 권청하라

11

般若悟境無生

반야오경무생

반야란
경계가
일어나지 않음을
깨닫는 것

반야(般若)는 지혜이다.

지혜는 마음을 깨친 경지다.

마음을 깨친다는 것은

티끌만큼의 걱정과 근심이 없고

번뇌 망상이 없으며

단 하나의 괴로움도 없는

마음 상태를 말한다.

과연 가능한 일일까?

인간으로서 어떻게

단 한 점의 괴로움도 없을 수가 있을까?

불가능하다는 말은

역설적으로 가능하다는 말이 된다.
괴로움이 있다는 것은
곧 괴로움이 없다는 것이 된다.
그러기에 깨달음은 있다.

그렇다면 경계가 일어나지 않아야
반야의 지혜를 깨친다는 뜻은 무엇일까?
태어나는 것은 언젠가 죽는다.
생기는 것은 언젠가 사라지고 만다.
생로병사(生老病死)이다.
중생과 사람은 고통을 면하기 위하여
욕심을 부리며 살아간다.
배고픔의 고통을 면하기 위해 먹어야 한다.
자지 않으면 고통스럽기 때문에 자야 한다.
그래서 몸 자체가 업 덩이요 인과 덩어리다.

그런데 몸에 이상이 생기면 통증이 생기고 괴롭다.
고통스런 통증의 신경이 작동하기 때문이다.
그러나 마취제를 쓰면 통증은 줄어든다.
그래서 통증 역시 고정불변한 것은 아니다.
또 생각을 잘못하거나 욕심대로 되지 않으면

스트레스를 받아 몸으로 전달된다.

결국 몸에 이상이 온다.

마음을 잘만 쓰면

고통과 괴로움, 그리고 몸의 통증마저도

통제할 수 있다는 반증이다.

기분이 좋으면 몸도 좋아진다.

또한 마음먹기에 따라 사력십중배(死力十重倍)

즉, 죽을힘을 다하면 그 힘이 열 배 이상 나온다는 말은

그냥 하는 말이 아니다.

그런데 문제가 있다.

생기는 것은 반드시 죽거나

사라지는 생멸(生滅)이 있다.

이처럼 즐거움은 곧 괴로움의 생멸이 생기고,

좋은 것은 싫고 나쁜 생멸이 생기며,

기쁨은 슬픔의 생멸을 낳고,

행복은 불행의 생멸을 낳는다.

생멸이 바로 인과이다.

사람이 살아가는 모든 행위는

좋고 싫은 고락의 인과 그 자체이다.

그래서 찰나 간에도 생멸이 있고,
한 시간, 하루 사이에도 생멸이 있다.
이미 좋았으니 싫고 나쁜 생멸이 오게 된다.
이런 일이 생겼으니 저렇게 사라지며,
저런 일이 생겼으니 이렇게 없어진다.

그렇다면 고통과 괴로움을 없애려면
어떻게 해야 할까?
좋은 것과 즐거움, 기쁨,
행복을 원하는 마음이 생기지 않아야 한다.
생겨나는 것이 없으므로 생멸이 없고,
나고 죽는 생멸이라는
분별이 없으니 인과도 없다.

이를 중도(中道)라 하고,
분별 없는 여여(如如)한 마음이라 한다.
또 이러한 마음 상태를
반야 지혜라고 한다.

언제 어디서 무슨 짓을 하더라도,
모두가 좋고 싫은

고락의 분별 아닌 것이 없다.

싸우고 지지고 볶고 하는 것 모두가

고락

분별

인과

생멸

윤회의

모습일 뿐이다.

원하는 것이 작으면

작은 생멸, 작은 인과,

작은 고락, 작은 업식이 생긴다.

원하는 것이 크면

큰 생멸, 큰 인과,

큰 고락, 큰 업식이 생긴다.

원하는 것이 없으면

생멸이 없고, 인과가 없으며,

고락이 없고, 업식이 사라진다.

이를 반야 지혜라 하고,

견성(見性), 해탈(解脫), 피안(彼岸),

적멸(寂滅), 진여(眞如), 참선(參禪),
아뇩다라삼먁삼보리(阿耨多羅三藐三菩提)라 한다.

그리 쉽게 되지는 않을 것이다.
또 잘되지도 않을 것이다.
어렵다. 그저 먹을 수는 절대 없다.
머리로 이해한다고 되는 것은 더욱 아니다.
오히려 안다는 군더더기가 생겨서
더 어려울 수도 있다.
그래서 선방(禪房)에서는
고학력일수록 수행에 방해가 된다고 했다.

모르면 잠자코 기도, 참선,
보시, 정진이라도 하여
원력(願力)과 신심(信心)을 키워야 한다.
오늘도 군더더기 하나 보탠 것을
참회하는 바이다.

12

禪定知心無住

선정지심무주

선정은
마음이
머물지 않음을
아는 일

움직이거나 멈추거나

앉거나 눕거나

말을 하거나 침묵하거나

일상생활이 모두

선(禪) 아닌 것이 없다.

다만 마음이 머물러 집착을 하느냐

하지 않느냐의 차이가 있을 뿐이다.

보는 것, 듣는 것, 움직이는 모든 것은

인연 연기의 모습일 뿐이다.

그곳에 하나라도 틀리거나

어긋난 것이 본래 없다.

세상의 모든 것은

인드라망처럼 서로서로 연결되어 있다.

하나는 다른 하나에게 영향을 주고,

다른 하나는 또 다른 하나로부터 영향을 받는다.

이 모든 움직임은 한 치 오차 없이

한 덩어리 몸처럼

영향을 주고받으며 움직인다.

감정을 얹지 않고

있는 그대로 보면

아무런 문제가 없다.

이와 같이 아무 문제가 없는 것에

굳이 생각과 감정을 얹으면

문제가 생긴다.

고통과 괴로움이 생긴다는 말이다.

고락과 시비는

순전히 나의 주관적인 업이다.

선(禪)이란,

아무 문제가 없는 상대에게

나의 업인 고락과 시비를 얹지 않는 것이다.

옳다 그르다 하거나 좋다 나쁘다 하는
분별을 하지 않는 것이
선(禪)이다.
이러한 분별은 순전히
나의 주관적인 바램이다.

고락과 시비는 그 자체로
인과를 낳는다고 했다.
옳다 하고 분별하는 즉시
그른 것이 나타나고,
좋다 하고 분별하는 즉시
싫고 나쁜 것이 나타난다.
인연 과보 즉, 인과가 생기는 것이다.

그러니 옳고 그름, 좋고 나쁨은
'나(我)'라는 업이 되어
계속 윤회를 거듭하게 된다.
이는 선(禪)이 아니다.
그냥 생사를 거듭하는 인과일 뿐이다.
이대로 두면
좋은 업에 의해 싫고 나쁜 업이 반복되고,

옳은 업에 의해 그른 업이 반복될 뿐이다.

그러니 옳다 그르다, 좋다 나쁘다 하는
분별업(分別業)에 머무르지 않아야
진정한 참선(參禪)이 된다.
참선은 시비 고락의 분별이
사라진 상태를 말한다.

지위 고하, 좋은 일과 나쁜 일,
이런 일 저런 일, 이런 인연 저런 인연 등
그 어떤 일을 하더라도
그것이 문제가 되지는 않는다.
어떤 일을 선택하여 살아가든지
좋고 싫은 분별심을 얹으면
그 과보로 좋고 싫은 일이
반복하여 생겨나게 된다.
그러나 좋다 싫다, 옳다 그르다 하는
분별하는 집착심만 놓아버리면
그대로 선(禪)이다.

이러한 선정(禪定)은

업이 발생하지 않기 때문에
중도의 마음이 되어
무엇에도 걸림이 없고
고통과 괴로움이 터럭만치도
생기지 않는다.
분별 욕심이 작으면
싫고 나쁜 고통과 괴로움이 작아진다.
분별 욕심이 많으면
고락 시비의 업이 커져서
고통과 괴로움도 커진다.

정좌처다반향초(靜坐處茶半香初)
묘용시수류화개(妙用時水流花開)

이 시는 추사의 글씨로 유명하다.
송나라 황정견의 시로 알려져 있다.
먼저 정좌처다반향초(靜坐處茶半香初)의
정(靜)은 공간 즉, 장소를 뜻한다.
마음이 걸림 없이 고요한 곳에 앉으면,
차를 반이나 마셔도
향은 처음 그대로라는 뜻이다.

장소에 관계없이 마음은 항상
고요함을 잃지 않는다는 의미이다.

묘용시수류화개(妙用時水流花開)의
묘용시(妙用時)는 시간 즉, 때를 말한다.
위에서 말한 것처럼
움직이는 모든 것들은
어느 때든 한 치 오차 없이
서로서로 연기하며 움직이기 때문에
아무런 문제가 없다는 뜻이다.
주관적인 내 생각과 감정을 얹으면
곧바로 문제가 생긴다.
그래서 물은 흐르고 꽃은 피는 것이다.
때가 되어 물 흐르고 꽃피는 것에
시비고락(是非苦樂)이 있을 수 없다.

웃고 울고 지지고 볶고
온갖 시비고락을 하더라도
감정을 얹어 집착하며 머무르지 말라.
고락시비의 인과를
나 스스로 만들어서

짓고 받을 뿐이므로
결국은 내 마음만 생사윤회로
시끄러울 따름이다.

이러한 사실을 체득하여
하나하나의 움직임을 관조하며 보면
얼마나 재미있고 편안할 것인가.
생각과 감정을 놓고 얹지 않으려면
기도와 참선, 보시와 정진의 힘으로
놓고 놓는 습관을 길러야 할 것이다.

13

鑒無身而具相

감무신이구상

몸이 없음을
비추어
보이는
모습을
원만히 하며

'몸이 없음을 보다'는 뜻은
결국 생로병사 과정을 따라
사라지게 된다는 의미이다.
몸은 지수화풍(地水火風) 사대가
잠시 동안 인연 되어 모인
허상에 불과하다.
몸 자체도 그렇지만
몸이 건강하여 얻는 즐거움도
병으로 얻는 괴로움의 인과를 피할 수 없다.

그러므로 몸이란
있어도 있는 것이 아니고

없어도 없는 것이 아니다.
몸에서 얻는 것은
몸을 통해 없어지기 마련이다.
결과적으로 몸이 없다고 생각해야
몸에서 나타나는 것에 대해
집착하지 않고 미련을 갖지 않아서
상심하지 않는다는 의미이다.

그러나 구상(具相) 즉,
상호를 갖춘다는 의미는
보이는 모양과 행동하는 모습을
무리하지 말고 원만히 하라는 뜻이다.
먹는 것과 자는 것
몸을 통해 보여지고
행동하는 것에 무리한 욕심을 부리면
과보를 받아서 크게 상심하거나
괴로움을 당하게 된다는 뜻이다.

예를 들면
욕심이 앞서서 무리하게 힘을 쓰면
그에 따른 과보로 인해

몸에 이상이 생겨서
괴로움을 당하게 된다.

또 전생과 금생에 걸친 과보로
예상치 못한 병이 생겼을 때
인과로 인한 업보라고 인정하지 않고
억울한 마음과 상심한 마음에만 집착하면
그 고통은 더욱 커진다.
따라서 얻고 잃는 것은
한 치의 오차도 없다는 것에 대한
신심(信心)을 가지고
인연 연기에 맡겨라.
즉 본래 몸이 없다는 것을
잘 알고 집착을 놓아서
마음을 평안히 해야 한다는 뜻이다.

몸은 업 덩이다.
생겨났으므로 죽어야 하는 업이다.
건강하고 좋은 피부를 가졌으므로
병이 오고 쭈글쭈글한 노화가 오는 업이다.
몸으로 얻는 즐거움으로 인해

몸으로 받는 고통이 오는 업이다.
몸을 통해 욕심을 부리면
몸을 통해 괴로움을 받는 업이다.

그러니 몸을 통해 나오는 즐거움을
분별하지 않아야
몸을 통해 오는 괴로움에도 초연해진다.
만약 지금보다 더 밝은 눈을 원하면
원하는 만큼 불만은 더욱 커질 것이다.
설사 눈이 없다 하더라도
본래 몸은 없는 것이라고 생각한다면
눈이 없다는 불만의 분별심은
생기지 않을 것이다.

따라서 몸에서 나타나는 모든 현상은
좋고 싫은 고락 분별의 인과에서 오는 것이다.
좋고 싫은 고락의 분별을 하지 않으면
그에 따른 인과로 인한
고통과 괴로움이 생겨나지 않을 것이다.

또 몸을 통해 무리한 욕심을 부리지 않고

분별하지 않는 무심한 마음으로
인연 연기에 맡겨라.
그렇게 될 때
몸에 대한 불만과 괴로움은
일어나지 않을 것이다.

암튼, 생각과 감정은
마음에 따라 달라진다.
불만과 짜증, 못마땅한 생각 등으로
스스로 괴로워하고 있다면
아직도 마음을 다스리지 못하는
어리석음이 남아 있다는 반증이다.
남의 탓을 하거나
외부 환경을 탓하며
운과 재수가 없다고 생각할 것이 아니라
분별 업을 없애지 못한
자신에 대해 스스로 참회하고
정진하며 마음을 닦아 나가야 할 것이다.

14

證無說而談詮

증무설이담전

설할 것이
없음을
깨달아
법을
설하도다

언어도단(言語道斷)이라는 말이 있다.

말의 길이 끊어졌다는 뜻이다.

왜 말이 끊어지는가?

말은 생각이나 감정을 표현하는 수단이다.

그럼 생각은 왜 하는 것이고

감정은 왜 생기는 걸까?

우선 생각을 하는 것은

어떤 무엇을 구별을 하기 위함이다.

구별한다는 것은 본능적으로

내게 유리한 것을 취하기 위함이다.

나와 세계를 구성하고 있는

색(色)·수(受)·상(想)·행(行)·식(識)의

오온(五蘊) 가운데 상·행·식이

생각에 해당한다.

색(色)은 물질로서 육체를 뜻한다.

수(受)는 감수(感受) 작용 즉,

감정과 감각이다.

상(想)은 무엇을 그리는

관념(觀念), 지각(知覺), 표상(表象) 작용이다.

행(行)은 경험한 것을 현재에 적용하는 작용이다.

식(識)은 식별 작용 즉, 구별, 인식, 판단 작용이다.

따라서 오온은 기본적으로

좋고 싫은 업을 낳는다.

물질인 육체를 통하여

수상행식(受想行識)이 이루어지기도 하고

수상행식 자체로서

감정과 생각을 하게 된다.

감정과 생각은

이것과 저것, 좋고 싫은

분별을 한다.

좋고 싫은 고락과 시비 분별은
인과를 낳는다.
인과는 인연이 되어 과보를 낳는다.
즉, 좋은 것은 싫은 것, 나쁜 것을 낳는 등
생사(生死) 생멸(生滅)을 낳게 된다.
좋은 것과 즐거움을 분별하는 즉시
싫고 나쁘고 괴로운 과보를 낳아
끝없이 인과 윤회하게 된다.

그러니 분별심이 없어야
인과를 낳지 않게 되어
 걱정 근심 괴로움이 없어진다.

분별을 하지 않으려면
생각과 감정을 일으키지 않아야 하고
이어서 말을 하지 않게 된다.
말이 끊어지는 것은
너무나 당연한 순리다.
그래서 말을 하지 않는
묵언(默言) 수행을 하기도 한다.
물론 분별심을 일으키지 않으려는 수단이다.

그러나 인연 연기의 순리에 따라
방편적으로 말을 할 때는
생각이나 감정에 집착하지 않고,
여타의 모든 것을 내려놓고
순수하게 말해야 한다.
그래서 말할 것이 없는 상태
즉, 말을 하지 않아야 하는
이치를 잘 아는 상태에서
말을 하고 법을 설해야 한다.

마찬가지로 상대의 말을 들을 때에도
상대의 생각이나 감정 따위에
집착하지 말고 순수하게
말 그대로만 들어야 한다.
설사 상대가 나의 말과 행동에 대해
화를 내거나 못마땅하게 여길지라도
그것에 또한 집착하거나
감정을 얹어 대응하지 말아야 한다.
일어나는 감정을 놓고 또 놓고
한순간도 집착하지 말며
인과의 이치를 생각하고

좋다 싫다 분별하지 말아야 한다.

항상 화두로 삼아야 할 딱 한 가지는
그 어떤 것이든 좋고 싫은
고락의 감정을 일으키면 인과가 생기고,
싫고 괴로운 일이 반드시 생기고 만다는 사실을
늘 명심해야 한다.

그러므로 어렵더라도
좋고 싫은 고락의 감정을 일으키지 않도록
항상 신구의(身口意) 삼업(三業)에 집착하지 말고
분별하지 않도록 청정히 해야 한다.

이외에 더 이상의 '옳다 그르다' 하는
시비(是非)나 가부(可否)는
고락의 업만 낳을 뿐이다.
시시비비하며 이러쿵저러쿵할 시간이 있으면
차라리 기도와 참선, 보시와 정진을 하는 게
해답이다.

15

建立水月道場

건립수월도량

물에 비친

달그림자

도량을

건립하여

수월도량(水月道場) 즉,

물에 비친 달그림자 같은 도량이라 함은

세상은 항상함 없이 변한다는

무상(無常)을 우선 깨달아야 한다는 말이다.

그리하여 어디에도 마음이

머무르지 않고 집착함이 없이

탐진치 삼독심을 얹지 말라는 뜻이다.

세상의 모든 것은

생로병사와 성주괴공을 면치 못한다.

언젠가는 흔적도 없이 사라져서

다른 모습으로 변하고 또 변할 것이다.

그러므로 무엇이든 변하지 않는 것은 없으니
영원한 것 또한 하나 없다.
그러니 사실 '변함없이 영원하다'라고
믿을 것이 없다.
믿는 도끼에 발등 찍힌다.
따라서 집착하면 할수록
인과의 후유증이 커진다.

변한다는 것은
한 치 오차 없는 인연으로
이것은 저것을 만들고
또 저것은 이것을 잇게 된다.
이렇게 연기에 연기가 연속되니
득실(得失)의 차이도 없고
좋고 싫은 고락의 차이도 없으며
생사의 차이가 하나도 없다.

그래서 결과적으로는 누구나
더 좋고 더 나쁜 것이 없고
더 얻고 더 잃는 것도 없다.
다만 기대가 크면 실망도 크듯이

고락 질량의 업이 크냐 작으냐 하는
차이만 있을 뿐이다.

욕심에 의해
즐거움이 크면 괴로움도 크고
기쁨이 작으면 슬픔도 작다
이처럼 얻는 것이 많으면
잃는 것도 많게 되는 것이
업장의 두께이고 무게이다.
그러므로 잘나거나 잘살거나,
좋은 직장이나 부유함 등의
차이가 있는 것은
인연 연기의 겉모습일 뿐이다.
정작 중요한 것은
고락 업의 두께에 있다.

물에 비친 달그림자 같은 도량
즉, 수월도량을 건립한다는 것은
모든 것을 몽환포영로전(夢幻泡影露電) 즉,
일체 상이 있는 것은
꿈, 환영, 물거품, 그림자와 같고

이슬, 번개와 같음을 보고
절대 미련과 집착을 두지 않고 끊음으로써
그 모양만 감상하라는 의미다.

일상생활에서도
모든 모습 역시 그렇게 보고
집착하지 않으며
좋고 싫은 고락의 감정을 자제하고,
무리하지 않고 순리적인 삶을
수월도량처럼 건립하라는 뜻이다.

그러므로 마음 한 번 돌이키면
삶이란 것이 참 쉬워진다.
이런 말에 대해 수긍하는 이는
그나마 희망의 여지가 있다.
하지만 오히려 화를 내거나 비웃는다면
스스로 고업이 많다고 할 것이다.

마음을 어떻게 돌이켜야 할까?
우선 세상을 무상으로 알아 집착하지 말며
연기의 모습을 여실히 보고 순리를 따른다.

고락은 인과를 낳으니 결코 득실이 없다.
그러함에 어떤 인연이든
좋다 싫다 분별하지 않아야 한다.

항상 마음을 평안히 해야 한다.
평안하지 않다는 것은
마음이 좋고 싫은 고락의 인과에
걸려 있기 때문이다.
아직도 무엇이 있는 것처럼
실체로 생각하여 집착하기 때문에
좋은 만큼 싫고 나쁜 과보를
받고 있다는 증거이다.

무엇이든 마음이 걸려서 힘이 든다면
기도, 참선, 보시, 정진부터
시작해야 할 것이다.

16

莊嚴性空世界
장엄성공세계

본성이
텅 빈
세상을
장엄하라

무상(無常)하다는 의미는
머무름이 없고
항상함이 없으며
모두가 변한다는 뜻이다.
제행(諸行)이 무상이다.
그러므로 공(空)하다고 한다.

따라서 모든 현상은 공하여
텅 빈 것 같이 실체가 없다.
이렇게 생각하고 보아야
미련과 집착에 따른 괴로움이 없어진다.
마음을 이와 같이 장엄하라는 뜻이다.

모든 것은 알고 보면
실체가 없이 텅 비어 있다.
따라서 옳다 그르다 또는
좋다 나쁘다 하며
시비고락하는 것은
아무런 의미가 없다.
뿐만 아니라
분별에 따른 인과만 일으켜
괴로움만 생기게 된다.
그러므로 이와 같이
분별과 인과만 제거하면
세상은 중도의 아름다움으로
장엄될 것이다.

그러나 이러한 마음을 갖기란
참으로 어렵고 불가능하다.
그래서 마음 수행을 해야만 한다.
실상 업이 너무나 두꺼운 나머지
아무런 노고 없이 얻기만 하려니
스스로 계속 자충수(自充手)만 두게 된다.

몸이 불편하여 낫게 하려거나
사업을 성공시키려 한다거나
시험에 합격하려 한다거나
예술을 승화시키고 싶다거나
…

우리가 꿈꾸고 바라는 일들이
모두 이루어지기를 원한다.
하지만 분별 인과에 따른
싫고 좋은 고락의 업 때문에
바람대로 이루어지지 않는다.
그래서 힘들고 괴로워할 때가 많다.

이럴 때는 마음이 조급하여
아무것도 눈에 띄지도 않을뿐더러
그 어떤 소리도 들리지 않는다.
오직 바라는 욕심만 채우려 하니
바라지 않는 것에 대해서는
절대로 용납하지 않겠다는 것에만
온 정신과 마음이 빠져 있다.
정신이 없다는 표현이 맞을 정도이다.

원하는 대로 되면
정신없이 기뻐하고
바라는 대로 되지 않으면
낙심하여 괴로워한다.
이것이 현실이며 각자의 모습이다.
따라서 이러한 현실 모습을
냉철하게 분석하고
똑바로 바라봐야 한다.

고통과 괴로움은
그냥 우연히 오는 게 아니다.
좋고 기쁜 일이
인과에 따라 당연히 오듯이
싫고 나쁜 일 역시
당연한 인과의 질서로 똑같이 온다.

따라서 좋은 일은
과거의 나쁜 일로 인한 인과의 소치요
싫고 나쁜 일은 과거의 좋은 일로 인한
인과의 소치라는 것을 알아야 한다.
그렇다면 좋고 싫은 일이 생기는 것은

서로의 고락 업에 의한 것이므로
너무나 당연한 인연 연기이다.

좋은 일과 싫은 일의 인과를
그대로 받아들이느냐,
아니면 좋고 싫은 분별심을 버리고
좋은 일도 없고 싫은 일도 일어나지 않는
중도를 장엄하느냐 하는 선택은
각자 스스로의 몫이다.

이를 잘 생각하고 안다 하여도
감정의 고락 업을 조어(調御)하기란 쉽지 않다.
그러니 기도와 참선, 보시와 정진으로
분별 인과의 업을 조금씩 줄여나가야 할 것이다.

17

羅列幻化供具

나열환화공구

환상과
같은
공양거리를
장만하여

환화(幻化)란
변하는 것을 말하는데
실체가 없다는 의미다.
공구(供具)란
공양할 것을 갖추는 것을 말한다.
그렇다면 환상과 같은
허깨비 공양구(供養具)를
무엇하러 장만하라는 것일까?

인간은 탐진치 삼독심으로 인해
좋은 것이면 모두 다 내 것으로 만들려고 한다.
내 것으로 만들어야 만족한 마음이 들어

즐겁고, 기쁘고, 기분이 좋아진다.
그러나 이것이 생기면
반대의 저것도 같이 생기기 마련이다.
당연히 괴롭고 슬프고 기분이 나쁜
인과가 생겨서 괴로움의 과보를 얻는다.

따라서 괴로운 인연 과보를 받지 않으려면
내 것이라고 하는 탐진치 삼독심 즉,
기분이 좋아지고 만족한 마음을
갖지 말아야 한다.
그러나 절대 쉽지 않다.
그래서 억지로라도
내 것을 내어놓음으로써
내 것이라고 하는
탐진치를 버리기 위해
보시하는 것이다.
이것이 공양이다.

언젠가 중국 티베트자치구와 인접한 청해성에
티베트 사원인 타얼사(塔爾寺)를 방문한 적이 있다.
엄청나게 큰 절이다.

한국으로 치면 통도사보다 규모가 크다.

사원의 건축물이나

부처님과 전각을 비롯하여

불단을 장식한 내용물들이

인간이 만들었다고 할 수 없을 정도로

금은보화로 점철된 정교한 예술품들이었다.

세계에서 가장 추운 곳의 열악한 환경에서

살아가는 티베트 사람들의 삶이란

가히 아프리카 난민들에 비견될 정도로

힘들게 살아가고 있었다.

그럼에도 불구하고

조금이라도 좋은 것이 구해지면

최소한의 먹거리를 제외하고는

모두 사원에 보시하며 공양을 올린다.

그리고 온 힘을 다해 오체투지(五體投地)하며

수행 정진하는 동시에

갖은 정성으로 사원을 건립하고

부처님과 스님들에게 공양 올린다.

세계 6대 불가사의 포탈라 사원을 건립하여

초능력적인 극치의 예술로 승화시켰다.

극한적인 열악한 환경에서 살면서도
세계 여느 선진국 국민들보다도
더욱 편안하고 안정된 삶을 살고 있었다.
하물며 범죄는커녕 조그만 사건 사고도 없이
신심과 원력으로 부처님을 의지하며
불편 없이 살아가고 있었다.

바로 이 같은 삶이
환상과 같은 공양구라 하더라도
많이 장만하라는 뜻에 부합한 삶이다.
내 것이라는 욕심이 없으니
조건 없이 주며 보시할 수 있고
이러한 보시가 많으면 많을수록
아상(我相)이 사라짐과 동시에
탐진치 삼독심에 의한 인과가 사라진다.
자연히 작은 괴로움도 느낄 수 없는 것이다.

잃는 것은 잃는 것이 아니다.
들고 남은 인연의 순리요 연기의 소치다.

들어온 것은 반드시 나가게 되어 있다.
잡는다고 잡혀질 수 없고
막는다고 하여 막아지는 것이 아니다.

그러므로 들어오고 나가는 것에
집착할 이유가 없다.
집착할수록 괴로움만 생긴다.
그러니 쿨하게 생각하면 된다.
알아서 들어오고 나가기 때문이다.
인과와 부처님(인연 연기)을 믿고
마음을 평안히 하기만 하면 된다.

기도와 참선, 보시와 정진은
환상과 같은 공양구를 많이 장만하는
필수 조건이다.

18

供養影響如來
공양영향여래

그림자와
같은
여래께
공양하라

앞에서 환상(幻相)과 같은
공양구(供養具)라 했다.
세상 어느 것도 실체가 없기 때문이다.
공양(供養)이라는 것도
방편일 뿐이다.
여기서는 부처님마저 그림자라 했다.
부처님 또한 역시
실체가 없기 때문이다.

부처와 공양도 또한
실체가 없으므로
실체가 없다는 것을

완전히 체득하여 뼈저리게 깨달으면

그 자체가 진정한 공양이라는 말이다.

그래서 저절로 공양이 이루어진다.

부처님은 이름이 부처이다.

석가모니 부처님께서도

그 이름이 '아뇩다라삼먁삼보리'라 하셨다.

깨달음이라는 것 또한

깨닫는다 하는 이름일 뿐이다.

깨달음이라고 하는 분별심이 있으면

곧바로 인과에 떨어지게 되어

깨닫지 못한다는 과보가 생기므로

진정한 깨달음이 아니게 된다.

따라서 그림자와 같은 부처님께

공양하라는 뜻은

실체 없는 부처님께

집착하지 말라는 뜻이 담겨 있다.

부처라 하면 이미 부처가 아니기 때문이다.

분별심에 불과하다.

그래서 부처도 그림자에 불과하다는 것을

여실히 알아야

이야말로 '이름하여' 진정한 부처라는 말씀이다.

이같은 해석은

부처님과 여러 조사들께서 이미 말씀하셨다.

『임제록(臨濟錄)』에서

살불살조(殺佛殺祖)라고 하셨다.

부처도 죽이고 조사도 죽이라는 뜻으로

그 어떤 것에도 분별하거나

집착하지 말라는 의미다.

한순간일지라도 이를 어기면

인과에 떨어져 육도 윤회하여

괴로워진다는 말이다.

또 당나라 단하선사(丹霞禪師)는

나무로 만든 불상을 태워

추운 방을 덥혔다.

이를 본 스님이 항의를 하자

불 속에서 사리를 찾는 시늉을 했다.

목불에 무슨 사리가 있냐고 하자

남은 불상을 마저 가져다 불을 땠다.

사리가 없는 목불을
어찌 부처라 하겠느냐는 말이다.
역시 분별하지 말라는 뜻이다.
자기모순을 분명히 보라는 가르침이다.

불 속에서도 분별이 없고,
지옥에서도 분별하지 않으니
어디에도 괴로움이 없다.
즐겁고 괴롭다 하는 것 또한
본래 실체가 없기 때문이다.

따라서 우리네 중생이 사는 모습은
실체 없는 허공 꽃을 보고 가지려 하며
일희일비(一喜一悲)한다.
실체 없이 그림자처럼 살아갈 뿐이다.
웃고 울며 희로애락을 낯빛에 나타내며
고락의 인과만 계속 반복할 뿐이다.
다람쥐 쳇바퀴 도는 모습이다.
쳇바퀴에서 벗어나는 것이 깨달음이다.

그림자와 같은 여래께 공양하라는 뜻은

매우 깊은 의미를 지니고 있다.
먼저 좋다 싫다, 옳다 그르다 하며
시비 분별하지 말라는 것,
그 자체가 공양이라는 뜻이다.
그러면서 이와 같은
깨침의 길을 가기 위해서는
일단은 방편으로써 부처님께
분별하지 않고 머무르지 않는
무주상(無住相)으로 공양하라는 것이다.

나에게 다가오는
모든 일과 모든 인연 모습은
그림자와 같다.
그러나 한 치 오차 없는 완벽한
연기의 모습들이다.
어떤 경우에도 시비고락의 분별심을
가져서는 안 된다.
그 자체로 완벽한 인과와
연기의 모습이기 때문이다.

거기에 고락의 감정을 얹게 되면

곧바로 인연 과보가 생긴다.
따라서 비슷하거나 똑같은 일들이
무한정 반복되며 스스로 윤회할 뿐이다.
이를 명심하면서 살아가야 한다.

당장 분별심을 없애기 어렵다면
기도와 참선, 보시와 정진으로
한 걸음 한 걸음 나아가야 한다.

19

懺悔罪性本空
참회죄성본공

죄가
본래
없는 줄을
알아
참회하고

'내가 잘못했구나' 하고
참회(懺悔)하는 것은
진정한 참회가 아니다.
왜냐하면 '잘못했다'는 것은
'잘했다'라는 것을 전제로 하기 때문에
잘잘못을 분별하는 것이다.
'잘했다'라고 해도 '잘못했다'는 인과가 생기고,
'잘못했다' 해도 '잘했다'는 인과가 생긴다.

그러므로 '잘했다'는 것은
더 잘한 것에 비해서는 잘못한 일이 된다.
'잘못했다'는 것은

더 잘못한 것에 비하면 잘한 일이 된다.
이러한 시비는 일상생활에서
비일비재하게 일어난다.
그래서 싸움의 빌미가 되기도 한다.

물론 잘못한 경우와 잘한 경우가
명백하게 구별되기도 한다.
하지만 잘한 것이나 잘못한 것의
원인을 찾아 들어가보면
달라지기 마련이다.
잘한 것이 잘못한 것이 될 수도 있고,
잘못한 것이 잘한 것이 될 수도 있다.
정확히 분별하기가 참으로 난망(難忘)하다.

또 시간이 지나면서
잘한 것이 잘못한 것이 되기도 하고
잘못한 것이 잘한 것이 되기도 한다.
누가 보느냐에 따라
잘한 것이 잘못한 것이 되기도 하고
잘못한 것이 잘한 것이 되기도 한다.
따라서 잘한 것과 잘못한 것은 곧바로

좋고 나쁨의 고락 인과로 이어진다.

좋고 나쁨은 즐겁고 괴로운 마음으로 이어진다.

결국은 기분이 좋고 기분이 나쁜 인과가 되어

고락의 업으로 귀결되기 마련이다.

잘못한 것에 대한 참회만으로는

고락의 인과를 벗어나지 못하고

괴로움의 고업을 면치 못한다.

그럼 어떤 것이 진정한 참회인가?

역시 잘잘못 모두를 떠나서

잘한 것과 잘못한 것이라는

두 가지 분별을 모두 하지 않고

중도의 마음을 가지는 것만이

진정한 참회라 할 것이다.

이렇게 중도의 마음을 가지면

죄를 짓거나 잘못된 일을 절대 저지를 수가 없다.

죄무자성종심기(罪無自性從心起)

심약멸시죄역망(心若滅是罪亦忘)

죄망심멸양구공(罪忘心滅兩俱空)

시즉명위진참회(是卽名爲眞懺悔)

죄라는 것은 자성(自性)이 없어
마음 따라 일어나니
마음으로 분별을 없애면
죄 역시 사라진다.
죄도 없고 마음도 없어
죄와 마음 모두 비어 있으니
이를 일러 진정한 참회라 한다.

"잘못했으니 참회하고
다음에는 잘못하지 말아야지."
이러한 참회는 잘잘못을 분별하는 것이므로
다음에 계속 반복되는 인과로 이어진다.
따라서 잘한 것도 잘못한 것도
모두 분별하지 말고
그대로 마음 분별을 놓아버려야
진정한 참회가 된다는 말이다.

잘하고 잘못하고는
인과 인연의 모습일 뿐이다.
현실적으로는 '잘하고 잘못했다'라고 구별하더라도
그것은 잘잘못으로 분별할 것이 아니다.

'인연 과보 즉, 인과가 이렇게 연기하는구나' 하고
좋고 싫은 고락의 분별 감정을 얹지 않아야 한다.
이것이 진참회(眞懺悔)이다.

약간은 이해하기 어렵고
무슨 말인지 잘 모를 수도 있다.
어쨌거나 잘한 것은 잘했다고 하고
못한 것은 못했다고 참회하더라도
거기에 좋고 싫은 감정을 얹어서
집착하지 말고, 잘했다 못했다 하는 등의
미련을 갖지 말아야 한다는 뜻이다.

더 잘 하려고 하거나
더 잘못하지 않으려고 하는 것 모두
고락의 인과에 걸리게 되어
잘잘못이 지속적으로 반복되기 때문에
고업을 면치 못한다.
이를 완전히 벗어나려면
잘하고 잘못하고, 좋다 나쁘다 하는
시비고락을 분별하지 않아야 한다.

세상에 잘못하려고 하는 사람이 어디에 있겠는가.

모두가 고락의 인과업에 의해

이루어지는 것이다.

잘잘못의 분별과 좋고 싫은 고락의

감정을 얹지만 않으면

내 잘못이나 남의 잘못 모두가

이해되고 풀리게 될 것이다.

어쨌든 분별 감정을 자제해야 한다.

일상생활에 적용하기는 참으로 쉽지 않다.

그렇다고 이를 모르고 방치하여

지속적으로 업을 짓는다면

곧바로 인과로 이어진다.

따라서 마음은 편치 않고

괴로움은 계속될 것이다.

본래 옳고 그름이 없음을 알고서

잘잘못을 가리는 분별심만

참회하면 될 것이다.

20

勸請法身常住
권청법신상주

법신이
항상
머물러 있기를
권청하라

법신(法身)은 앞에 청정(清淨)이 붙는다.

청정법신(清淨法身)은

삼신불(三身佛)의 하나인 비로자나불(毘盧遮那佛)이다.

법신은 청정한 것의 이명(異名)이다.

하지만 청정이라고 한다면

청정하지 않는 인과가 생기기 때문에

청정이라고 한다면 이미 틀린 말이다.

이와 같은 청정함과 청정하지 않은

두 변의 인과 이외에 다른 이름은 없다.

그리하여 어쩔 수 없이 두 변의 인과를 벗어난

표현을 이름하여 청정이라 한 것이다.

따라서 청정은 곧 법신이고,
청정법신은 이것과 저것의 인과 윤회를 벗어난 상태
즉, 공과 중도를 말함이다.
공과 중도에는 그 무엇도 따로 붙을 수가 없다.
시공(時空)을 떠난 자리를 말한다.
또 시비 고락이 완전히 벗어난 자리이다.
이를 이름하여 비로자나불이라고도 한다.

그러므로 시비 고락과 인과 분별을 벗어난 상태
즉, 공과 중도의 마음자리가 되어야 한다.
이를 이름하여 청정법신이라 한다.
이와 같은 법신이 항상 머물러 있어야
시비 분별, 고락 인과의 윤회가 없는 정토가 된다.

결국 괴로움이 없는 마음을 가지기 위해서는
청정법신이 항상 머물러야 하고
이와 같은 마음을 권청(勸請)하라는 것이다.

예를 들어, 보기 싫은 사람을 대할 때
보기 싫다는 분별의 마음을 가지면
인과가 생겨서

불편하고 괴로운 마음이 나타난다.
반대로 보기 좋은 사람을 만날 때
반갑고 즐거운 마음이 든다.
이와 같은 분별의 마음 때문에
보기 싫고 기분 나쁜 과보가 생겨
결국 보기 싫은 사람을 만나게 된다.

다르게 말하면,
보기 싫은 사람, 보기 좋은 사람이
따로 존재하는 것이 아니다.
부처님께서 중생의 삶이 '고(苦)'라고 한 것은
즐거움(樂) 또한 영원히 지속되지 않고
곧 괴로움(苦)으로 바뀌기 때문이다.
보기 좋은 사람을 만나
반갑고 즐거운 마음이
영원히 지속되지 않는다는 것이다.
이것이 고락 분별의 마음으로 인해
과보가 생긴다 함이다.

그렇다면 보기 싫은 사람을 대할 때는
보기 싫다는 생각과 기분 나쁘다 하는

분별의 감정을 내려놓아야 한다.
그 순간 분별 인과를 생각하고
좋고 싫은 고락의 과보를 생각하며
마음을 얼른 추스려서
보기 싫다는 생각과 감정을 일으키지 말아야 한다.

일이 잘 풀리지 않아 기분이 몹시 상할 때
청정법신 비로자나 부처님께 기도하라.
이 기도는 곧 공과 중도를 이루기 위함이다.
공과 중도는 괴로움이 없는 경지이기 때문이다.

기도라는 것도 또 하나의 분별심이기는 하다.
진정한 기도란,
분별하는 마음을 알아차리고 참회하여
분별하지 않도록 해야 한다.
그리고 '일이 잘 풀리지 않는다' 하는
생각을 놓아버려야 한다.

모든 것이 인연 과보의 연기적 모습에
지나지 않는다는 것을 굳게 믿고서
'풀리지 않는다' 하는 분별심과

기분 나쁘고 속상한 마음을 무조건 놓고 놓아야 한다.

세상 모든 것은 결과적으로는
손해가 없다는 믿음을 가지고
지금 당장의 일에 집착하는 마음을
놓고 또 놓아야 한다.
그리하여 분별하지 않는 청정법신인
공과 중도가 항상 마음속에 머물러 있기를
기도해야 한다.

제3장

무생을   실상을
통달하여   통달하여
향을   경을
사르고   읽으라

마침내 얻을 바 없음에 회향하고
복덕이 진여와 같음으로 기뻐하라
너도 나도 텅 비어 분별하지 않음을 찬탄하고
나와 너 주와 객이 평등하기를 발원하라
그림자처럼 나타난 법회에 예배하고
허공을 밟는 듯이 행도를 삼아라
생멸이 없음을 깊이 통달하여 향을 사르며
실상을 깊이 통달하여 경을 읽으라
산화는 집착 없음을 나타내고
탄지는 번뇌 버림을 표하였도다

21

廻向了無所得

회향료무소득

마침내
얻을 바
없음에
회향하고

회향(廻向)이란
다시 돌려주어 돌아감을 말한다.
다시 말해 얻을 바가 없다는 것을
여실히 아는 것이다.
몸을 얻었으되 얻은 채로
영원히 사는 것이 아니다.
마침내 그 몸이 다시 사대(四大)로
돌아가는 것과 같다.

인연의 흐름 즉, 연기의 법에 맡길 뿐
얻어도 얻은 것이 아니고
잃어도 잃는 것이 아님을 말한다.

그리하여 그 어디에도
분별하지 않고 집착함이 없어서
얻을 바가 없음을 자각하여
마음이 평화로운 상태를
곧 회향이라 일컫는다.

의식(儀式)에 있어서
석 달 안거 또는 3일, 7일,
삼칠일, 100일, 1,000일 등의 기도나 정진을
입재(入齋)하여 무사히 마치는 것을
보통 회향이라고 한다.
그냥 날짜만 채우고 마치는 것이 아니라
기도 정진 기간 동안
얻을 것이 없다는 사실을 여실히 알고
탐진치 삼독심을 버렸을 때
진정한 회향이 된다.

조금이라도 분별심을 없애거나
탐진치를 여의었다면
어느 정도 회향이 되었다고 하겠다.
반대로 기도 정진을 통해

아상(我相)과 아만심(我慢心), 욕심과 성냄,
그리고 분별 망상이 더욱 횡행해졌다면
회향은커녕 고락의 분별 업만 지을 뿐이다.

진정한 회향이 되었다면
큰 복을 지은 것이나 다름이 없다.
따라서 자연스럽게 장애가 없어지고
원하지 않아도 하는 일이 잘 된다.
그뿐만 아니라
인연 닿는 모든 것에 감화를 주어
마음의 평화가 주변에 전달된다.
이를 공덕과 복이라 이름하고
회향이라 한다.

상래소수공덕해(上來所修功德海)
회향삼처실원만(廻向三處實圓滿)

세세생생 닦아온 공덕의 바다를
원만하고 실다운 삼처(三處)에
회향하나이다.

기도와 불공 끝에 부처님께 올리는
축원문에 나오는 내용이다.
회향삼처(廻向三處)란 자신이 닦은 공덕을
회향하는 세 가지 목적을 말한다.

첫째, 중생회향(衆生廻向)이다.
자기가 지은 선근(善根) 공덕(功德) 즉,
얻을 것 없음을 여실히 아는 힘을
다른 중생에게 회향하여 알게 한다.
이로써 분별 혹은 집착하지 않게 하면서
마음의 평화를 얻게 하는 것이다.
둘째, 보리회향(菩提廻向)이다.
자기가 지은 온갖 선근을 중생에게 회향하여
깨달음을 얻게 하려는 것이다.
셋째는, 실제회향(實際廻向)이다.
자기가 닦은 선근 공덕으로
무위적정(無爲寂靜)의 열반을 얻게 함으로써
마음의 평화를 얻게 하려는 것이다.
모두 비슷한 내용이지만
결국 마음의 평화를 얻게 함이
궁극적 목적이다.

회향의 근본 목적은
결국 어느 것에도 분별하지 않고
어떤 것이든 집착하지 않음이다.
내가 무엇을 할 것인지를 고민하지 않고
무슨 생각과 어떤 행동을 하더라도
무조건 인연 연기에 맡기고
찰나찰나 평화롭게 마음 놓고 인연 따라
그저 움직일 뿐임을 말하는 것이다.

기도와 참선, 보시와 정진은
가장 수승한 회향이 될 것이다.

22

隨喜福等眞如
수희복등진여

복덕이
진여와
같음으로
기뻐하라

진여(眞如)란 자성(自性)과 중도(中道) 즉,
본래의 마음을 깨달음이다.
진여 그리고 자성과 중도의
본래 마음을 깨치려면
우선 복을 지어야 한다.

복이란 무엇을 한다는 생각 없이
무심(無心)으로 행하는 것이다.
준다는 마음 없이 주는 것,
이득을 얻으려는 마음 없이
인연 지어진 일에 최선을 다하는 것이다.
좋다 싫다 하는 분별없이

행하는 것을 복이라 한다.

크고 작은 이득이나 간사한 생각으로
잔머리를 굴리는 것은
복을 까먹는 것이나 다름없다.
설사 우선의 이득이 된다 해도
그 인과로 말미암아 결국에는 손해를 면하기 어렵다.
모든 것은 인연 연기에 따라 이루어지므로
얻었다고 생각하는 즉시 언젠가는 잃게 되기 때문이다.

수회(隨喜)라는 의미는
감정적으로 기뻐하라는 뜻이 아니다.
모든 것은 결국 얻을 것이 없다는 전제하에
얻고 잃는 것의 분별을 떠나서 행동하면
종국에는 이름하여 분별없는 기쁨이 된다.
따라서 괴로움의 과보가 따르지 않고
진여(眞如, 깨달음)에 이른다는 뜻이다.

좋고 싫은 두 마음의 분별심 없는 행동에는
결코 나쁜 짓이 나올 수 없다.
저절로 완벽한 신구의 삼업의 행동이 나온다.

이를 공덕(功德)이라 하고 복덕(福德)이라 한다.

그리고 남의 행동에 대해

간섭하지 않아야 복이 된다.

모든 중생은 각자의 업으로 살아간다.

상대는 상대의 업에 의해 살아가고,

나는 나의 업에 의해 살아간다.

상대가 나를 보고 고락의 감정이 생긴다면

어디까지나 상대의 업이 작동하는 것이다.

마찬가지로 상대를 보고

내가 좋고 싫은 고락의 감정이 생긴다면

그 또한 상대 때문이 아니라

나의 업이 작동하는 것이다.

이것을 분명히 알아야 한다.

우리가 '참회'할 때에도

잘잘못을 분별하여 참회하는 것이 아니라

이러한 업의 작동을 여실히 보고

참회하는 것이다.

또 하나 잊지 말아야 할 것은

상대로 인하여 나의 고락 감정이

생기는 것이 아니다.
나의 고락 업에 의해
상대가 현실로 나타나는 것이다.
나의 고락 분별하는 업이 생기는 시점
즉, 내 업의 시절인연에 의해
상대가 나타난다는 말이다.

부처님과 보살, 조사들처럼
고락 분별의 업이 없다면
좋고 싫은 그 어떤 인연도
절대 현실로 나타나지 않는다.
대신 연기 실상의 모습만이 보이고 들릴 뿐이다.
따라서 좋은 인연이든 싫은 인연이든
순전히 나의 고락 분별하는 업에 의해
나타난다는 말이다.

가족이든 친구든 이웃이든 국민이든
좋고 나쁜 대상으로 보이는 것은
우연이 아니고 필연이다.
바로 나의 고락 업에 의해 생긴다는 말이다.
이를 일체유심조(一切唯心造),

만법유식(萬法唯識)이라 한다.
부처님과 같이 분별 업이 없다면
모두가 부처로 보이고 들리며 인연 지어진다.

흔히들 국가나 사회가 어지럽다고 말한다.
이는 순전히 나의 고락 업의 그림자이다.
나의 업이 어지럽기 때문이다.
나 이외의 다른 사람들도
그렇게 생각한다고 항변한다.
그것은 공업(共業)이고 동업(同業) 중생이기 때문이다.
고락 업의 질량이 비슷하기 때문이다.
극락에 있는 중생들은 좋은 업이 나타나는
공업과 동업 중생이기 때문이다.

고락의 업을 멸하여 진여, 중도의
괴로움 없는 무분별심을 가지려면
기도와 참선, 보시와 정진이 해답이다.

23

讚歎彼我虛玄
찬탄피아허현

너도 나도
텅 비어
분별하지
않음을
찬탄하고

허현(虛玄)은 텅 비어

걸림이 없는 것을 말한다.

곧 이것이 없으므로 저것도 없으니

이는 좋다거나 싫다거나 분별하지 않음이다.

그러니 걸릴 것이 아무것도 없으므로

조금의 걱정 근심 괴로움이 없다.

이것이야말로 찬탄하지 않을 수 없다.

좋다 싫다 하는 고락의 분별심으로

즐겁고 괴로운 인과가

사람마다 나타나기 마련이다.

이는 나도 그렇고 너도 그러하며

모두가 그러하다.
따라서 상대가 좋은 사람으로 보일 때는
나의 인과 업이 좋게 나타나
좋은 기분으로 그렇게 보이게 된다.
마찬가지로 상대가 싫고 나쁘게 보이는 것은
나의 인과 업이 나쁘게 나타나
나쁜 기분으로 그렇게 보이게 된다.
이를 분별심이라 한다.

좋게 보이는 그 사람 역시
본인의 좋고 싫은 고락 업에 의해
좋은 업이 있는 과보로
나쁜 업 또한 생길 수밖에 없다.
그래서 좋은 때와 나쁜 때가
인과적으로 나타나는 것이다.
따라서 나도 그렇고 너도 그렇고
모두가 자신의 고락 업으로 살아간다.

누가 봐도 나쁜 사람이라고 해두자.
그 나쁜 사람을 보면서 나의 기분이 좋지 않다면
이는 오로지 나의 나쁜 업이 생기는 때라고

알아야 한다.

나쁜 사람 역시 내가 그 사람을 보면서

기분이 나쁜 것과는 별개로

나쁜 사람 자신의 좋고 싫은

고락 업에 따라 기분이 좋을 때와

기분이 나쁠 때가 있을 것이다.

그러나 내가 나쁜 사람이라고 분별하지 않고

나의 좋고 싫은 고락의 기분을

스스로 분별하여 나타내지 않는다면

나쁜 사람이라고 하는 생각이나

나쁜 사람 때문에 기분이 나쁜 일은

생기지 않는다.

따라서 나도 너도 모두가

텅 비어 분별없는 상태가 된다.

사람을 볼 때

이래서 좋고 저래서 싫다는 생각까지는 할 수 있다.

그러나 거기에 기분이 좋고 기분이 나쁜

고락의 분별 감정을 실어서는 안 된다는 말이다.

그렇게 될 때 기분이 좋고 기분이 나쁜

인과가 계속적으로 발생하여
나의 싫고 나쁜 감정에 의해
괴로움의 과보가 반복되기 때문이다.

만약 내가 보고 있는 상대방이
탐진치 삼독심이 가득 차서
누가 봐도 나쁜 말과 지나친 욕심,
분별 망상을 하고 있다면
이를 싫고 나쁘게 봄으로써
나의 기분을 망칠 것이 아니다.
'그 사람의 인과 업이
저렇게 나타나고 있구나' 하고
있는 그대로 바라볼 수 있어야
분별심이 생기지 않고
내 마음이 평안하다.

사람은 누구나 좋은 때와 나쁜 때가 있다.
자신의 좋고 싫은 고락 인과가
그렇게 나타나는 것이다.
그러므로 좋은 사람, 나쁜 사람으로
분별하는 것은 매우 어리석은 계산법이다.

사람들은 자신의 고락 업에 따라
각각 살아가기 때문에
각자의 고락 업만 있을 뿐이다.

따라서 남의 고락 업이 나타나는 것을 보고
좋다 싫다 하는 것 자체가
나의 고락 업에 해당하는 것이다.
남의 고락 업의 인생에 대해 왈가왈부하지 말고
나의 고락 업을 없애는 일에 집중해야 할 것이다.
부부든 자식이든 하물며 남이든
그들 각자의 인생에 간섭하려거든
적어도 나의 고락 업만은 없지 말라.
그리고 나만 잘하면 된다.

24

發願能所平等
발원능소평등

나와 너
주와 객이
평등하기를
발원하라

좋고 싫은 분별이 없으면
저절로 평등해진다.
이런 모습 저런 모습에
좋은 것을 찾으려 하면
싫고 나쁜 것이 저절로 생긴다.
따라서 좋은 것을 굳이 찾지 않는다면
싫은 것도 나타나지 않는다.
이를 평등이라 한다.

세상에 좋은 것 싫은 것은 본래 없다.
그저 인연 연기만 있을 뿐이다.
모두 내 마음이 억지로 지어내어

스스로 고락의 업을 만들어 살아갈 뿐이다.
그러니 옳다 그르다 하는
시비가 있는 것처럼 보인다.

하지만 사실은 한 사람 한 사람,
중생이 스스로 만들어 낸
좋고 싫은 고락의 인과만이
여몽환포영(如夢幻泡影),
여로역여전(如露亦如電)의
업으로 윤회하고 있다.

하나가 생기면 다른 하나가 생기는 것을
인과라고 했다.
태어난 것은 사라질 것이고
젊음이 있으면 늙음이 올 것이고
건강은 다시 병을 부른다.
따라서 좋은 것을 얻으려고 하면
싫고 나쁜 것도 따라올 것이고,
즐거움이 생기면
괴로움도 같이 생기기 마련이다.

이렇듯 모든 신구의(행동, 말, 생각) 삼업은

좋고 즐겁고 기쁘고 행복한

기분을 얻기 위함이나

문제는 인과가 따른다는 것이다.

이를 무게로 환산한다면

한 근의 즐거움을 얻으면

한 근의 괴로움을 얻게 되고,

열 관의 기쁨을 얻으면

열 관의 슬픔을 얻게 되며,

백 톤의 행복을 느꼈다면

백 톤의 불행을 느끼는 것이

인과의 법칙이다.

다만 좋고 싫은 고락의 인과가

나타나는 때가 다르다.

이 또한 인연 연기에 따라

한 치 오차 없이 나타나기 마련이다.

그리하여 때로는 찰나 간에

고락의 인과가 나타나기도 하고,

때로는 금세, 때로는 1년, 10년, 100년,

때로는 전생과 금생, 내생에 이르기까지

고락의 인과가 다르게 나타날 뿐이다.

이를 시절인연(時節因緣)이라 한다.

따라서 모든 사람 모든 중생은

각자가 만들어낸 좋고 싫은

고락의 인과 업에 따라 살아간다.

그러니 이렇게 살건 저렇게 살건

자업(自業)에 의한 자득(自得)이다.

즉, 스스로 만든 고락의 업이

인과적으로 엎치락뒤치락하며 인연을 맺는다.

나머지 모든 모습들은 고락 업의 그림자일 뿐이다.

그러므로 나와 너, 주객(主客)이

평등하다는 뜻은

고락의 업이 모두 멸해진 모습을 의미한다.

즐거움과 행복을 많이 원하는 사람은

괴로움과 불행도 많이 기다리고 있다.

고락의 분별이 없는 사람은

행복도 불행도, 생사생멸(生死生滅)이 없다.

중도와 적멸의 극치다.

어떤 업을 선택하느냐, 이는 모두 각자의 몫이다.

25

禮拜影現法會
예배영현법회

그림자처럼
나타난
법회에
예배하고

법회(法會)에 동참하는 것은
일체가 공(空)하여 집착할 필요가 없다는
설법(說法)을 듣고 여실히 깨닫는다는 의미이다.
따라서 법회 또한 그림자에 불과하다는
깨달음을 예배하고 찬탄하라는 뜻이다.

모든 현상은 인연 연기의
그림자에 불과하다.
언제 어디서라도 좋고 싫은 고락의
분별을 할 필요가 없으므로
집착할 이유도 미련을 가질 필요도 없다.
따라서 때와 장소에 관계없이

보는 것 듣는 것 모두가
법회 아님이 없다.

그럼에도 문제는 마음의 걸림이다.
금강석과 같이 굳어진
좋다 싫다 하는 분별심과 인과 업으로 인해
자신도 모르게 이렇게 되면 좋고
저렇게 되면 안 된다는 걱정 근심 때문에
잠시라도 마음 편할 틈이 없다.

당장 먹고 자고 얻어야 하고
사랑하고 인정받아야 하는
본능적인 오욕(五慾)이
온통 나를 지배하고 있기 때문이다.
탐진치 삼독심으로 인해 정신을 차리지 못한다.
그리하여 설사 오욕을 성취한다 하더라도
인연 과보(인과)로 인해
그와 똑같은 무게의 고통과 괴로움이
끊이지 않는 악순환이 계속된다.

먹을 것을 얻지 못하여 굶는다면 어찌할까?

그래서 죽으면 어떡하지?
 좀 더 편안한 잠자리를 얻지 못하면?
그래서 집도 없는 사태가 벌어지면 어찌할까?
좋은 직장을 얻지 못하면 어찌할까?
좋은 사람을 만나 결혼을 해야 하는데 그렇지 못하면?
자식, 재산, 건강, 수명은…?

이 모든 현상들이 나타나는 것은
자신이 가진 좋고 싫은 고락의
분별 업에 의한 인과의 그림자 때문이다.
걱정 근심을 한다고 나타나지 않거나,
걱정 근심을 놓는다고 나타나는 것이 아니다.
지금 나타나지 않으면 다음에 나타날 것이고
다음에 나타날 것이 지금 나타나는
조삼모사(朝三暮四)와 같다.

그러므로 자신이 가지고 있는
고락 분별의 인과 업의 그림자들이기 때문에
이를 진정으로 막고
업의 그림자를 바꾸거나 없애려고 한다면
그림자 현상과 다툴 것이 아니라

좋고 싫은 고락의 분별심부터 없애야 한다.

그러려면 아무리 힘들고 어렵더라도
인과 현상의 그림자에 대해
'좋다 싫다, 옳다 그르다' 하는
고락시비 분별심을 낼 것이 아니라,
'이 모든 현상은 결국 공(空)이다'
'나의 분별 인과 업의 그림자다'
'공함으로 그림자에 집착할 것이 못 된다'
'고락시비를 할수록
인과의 그림자에 속을 뿐이다' 하며
마음을 놓고 또 놓아버려
고락의 감정을 일으켜서는 안 된다.

그리하여 아무리 조급한 마음이 들더라도,
인연 연기를 역행하지 말아야 한다.
순리를 따라서 무조건 받아들이는 연습을 통해
고락시비의 감정을 놓고 또 놓으며
정진해 나가야 한다.
그렇게 되면 어느 순간
고락시비의 인과 업이 사라지는 경지가 온다.

따라서 무한한 평안이 찾아오고
생사 생멸의 윤회업을 벗어나게 된다.

더 이상 묻지도 따지지도 말라.
고락시비를 내면 인과의 괴로움이 따를 것이요,
고락시비를 놓고 또 놓아 없애버리면
인과의 고통이 사라진다.
기도와 참선, 보시와 정진은
후자를 향하게 할 것이다.

26

行道足躡虛空
행도족섭허공

허공을
밟는 듯이
행도를
삼아라

행도(行道)라 함은

깨달음에 이르는 길을 말한다.

행도에는 두 가지가 있다.

아미타불의 본원(本願)을 믿는

쉬운 일로써 불퇴위에 이르러

성불한다는 정토문(淨土門)의

이행도(易行道)가 있다.

스스로의 힘으로 수행하여

성불하자고 말하는 성도문(聖道門)의

난행도(難行道)가 있다.

난행도의 자력 수행을 선택한 사람들은

이행도의 타력 수행의 길을 걷는 사람들을

이러쿵저러쿵 비방하고,

마찬가지로 이행도의 타력 수행을 선택한 사람들은

난행도의 자력 수행의 길을 걷는 사람들의

결점을 헐뜯는다.

하지만 그것은 단지 성불에 이르는 길의

차이에 불과하다.

어느 쪽 길을 선택하는가는

믿는 사람의 근기에 따라 나누어질 뿐,

그 우열을 논하는 것은 아무런 의미가 없다.

궁극에 이르면 똑같은 산봉우리에서 만날 것이다.

어떠한 행(行)을 하고 살든

일체가 공하다는 것을 잊지 말고

고락을 분별하거나 집착하지 말아야 한다.

분별하거나 집착하는 즉시,

고락의 인과가 생기기 때문에

고업(苦業)을 면키 어렵다는 말씀이다.

사람은 누구나 목적한 바를 성취하려는

희망을 안고 살아간다.
목적한 바가 상대적으로
크기도 하고 작기도 하지만
그 과정에서 크고 작은
장애들이 생기기 마련이다.
그럴 때마다 긴장감과 아울러
실망과 좌절을 맛보기도 하고,
때로는 가슴이 찢어질 만큼
고통이 찾아올 때도 있다.
물론 목적이 달성되어
엄청난 즐거움과 기쁨을 만끽하기도 한다.

그러나 이 모든 고락은 인연 연기의 질서에 따라
좋은 것만큼 싫은 과보가 나타난 것이다.
좋고 기쁜 것의 무게와 싫고 나쁜 것의 무게가
같다는 것을 늘 잊지 말아야 한다.

이를 굳게 믿는 이는
마음에 들지 않는 일이 생길 때
고통과 괴로움, 아쉬움과 좌절감이 얕아질 것이다.
하지만 매사에 일희일비하는 이는

그만큼 업의 무게가 크고 두터워서
조그만 일에도 스스로 기분이 나빠지고
평온한 마음을 유지하기가 어렵다.

따라서 상대를 이기려는
얄팍한 이기심을 조금이라도 가졌다면
설사 상대를 이겼다 하더라도
승리감과 기쁨의 과보로 그 업이 쌓여
언젠가는 유사한 일로
괴로운 고업의 과보를 받게 되고 만다.

업이란 지은 대로 그만큼 돌아오는 것이다.
말을 하고
생각을 하고
행동을 할 때
좋고 싫은 고락의 분별 감정을 싣지 말고
있는 그대로 받아들이는 습(習)을 길러야 한다.
그리해야 인과의 과보가 나타나지 않고
모든 일이 순리적으로 순조롭게 풀려나갈 것이다.

그러므로 움직이는 모든 일에 있어서

늘 허공을 밟듯이 하라는 것이다.
다시 말해 말을 하고, 생각을 하고, 행동을 할 때
일체가 공하다는 것을 잊지 말고
고락을 분별하거나 집착하지 말아야 한다.
일체가 공하다는 것을 받아들여
깨달음에 이르는 길로 삼으라는 것이다.
그리하면 언제 어디서라도
평온한 마음을 유지할 수 있을 것이다.

그러면서 늘 잊지 말고 행해야 할 것은
바로 기도와 참선, 보시와 정진이다.
이것이 삶의 최고 가치임을 알아야 한다.

27

焚香妙達無生
분향묘달무생

생멸이
없음을
깊이 통달하여
향을
사르며

향(香)을 사르는 이유는 여러 가지다.

향기로운 냄새를 풍기고,

연기는 피어오르자마자 곧 사라지며,

자신의 몸을 스스로 태운다는 의미가 담겨 있다.

향기로운 냄새는

마음을 평안하게 한다.

연기가 곧 사라지는 것은

모든 현상 또한 이와 같이 흔적 없이

흩어진다는 의미다.

자신의 몸을 스스로 태운다는 것은

태어나고 생긴 것은 모두

죽고 사라진다는 뜻을 내포하고 있다.
그래서 향을 성스러운 의식으로
표현하는 것이다.

여기서 무생(無生)이란
생겨남이 없다는 의미이다.
이를 아는 것이 묘달(妙達) 즉,
묘한 깨침이라는 뜻이다.

엄연히 태어나고 죽고,
생기고 사라지는데
왜 무생일까?
나타난 것은 반드시 사라지므로
무생과 같다는 것이다.
결국 남아 있는 것이 없고
영원한 것이 없으니 무생이다.
따라서 집착은 곧 어리석음이다.

또 묘(妙)하다는 것은
분별하지 않는 마음상태에서 보면
모든 현상은 절로 스스로 인연 연기한다.

움직이는 것들 즉,

물은 저절로 흐르고

꽃은 스스로 피는 것을 말한다.

거기에 좋다 싫다 하는 생각이

어디에 붙을 수 있겠는가.

이와 같이 생사 생멸이 본래 없는데

나의 고락 업으로 인하여

감정이 생겼다 사라졌다 할 뿐이다.

그래서 또 무생일 수밖에 없다.

이놈의 감정은 잠시라도 멈추거나

남아있지 않고 생사 생멸을 거듭한다.

결국은 생기지 않는 것과 같다.

그런데 왜 집착하고 미련을 가지려 하는가.

그럴수록 좋고 싫은 고락의 업만 분주할 뿐이다.

그러므로 무생의 이치를 깨친다면

좋다 싫다 하는 분별심을 일으킬 필요도 없고

옳다 그르다 하며 시비할 이유도 없다.

자신의 고락 업에 매몰되어

밤낮을 가리지 않고 감정 기복에 놀아나며
스스로 어지러운 삶을
살지 않게 된다는 뜻이다.

따라서 말하고, 생각하고, 행동할 때
즉, 신구의 삼업에 있어서
늘 분별하는 마음을 갖지 않고
향을 사르는 마음으로 대해야 한다.
그리하여 모든 것을 인연 연기에 맡겨서
마음 졸이거나 조급한 마음 갖지 않는다면
항상 평온한 마음을 유지하며 살아가게 될 것이다.

오늘도 기도와 참선, 보시와 정진에
향을 사르고 무생의 묘한 이치를 통달하는
하루가 되기를….

28

誦經深通實相

송경심통실상

실상을
깊이
통달하여
경을
읽으라

경전이란 성인의 말씀 즉,
부처님의 설법을 담은 것이다.

크게 나누어 세상의 모든 모습은
결국 공에 지나지 않으니
집착할수록 괴로움만 만들 뿐이다.
또 하나는 연기법이다.
그 어떤 것이든 한 치 어긋남 없이
생기고 변하고 사라지는 것에 불과하므로
이 또한 괜한 미련으로 고업(苦業)을 낳는다.

생각과 느낌 즉, 마음이라는 것도

공하고 연기하는 것에 지나지 않는다.
좋다 싫다, 옳다 그르다 하며
고락시비를 하면 할수록
인과에 의해 끊임없이 좋고 싫음이 반복된다.
이를 그치려면 분별하지 말고
중도의 마음을 가져야 한다.

따라서 경을 독송할 때 좋은 자세는
좋고 싫은 분별심을 내려놓고
경전 독송에만 집중하여
마음을 어지럽게 하지 않는 것이다.
이를 원활히 하기 위해
위에서 설명한 공과 연기법을
충분히 체득하여 여실히 잘 아는 것이다.

그래야만 나의 생각과 감정으로 인하여
분별하는 마음을 다잡기 때문에
괴로운 마음이 생기지 않는다.
자신이 지니고 있는 생각과 감정은
그 자체가 분별심이다.
분별심은 결국 좋고 싫은 인과를 낳아서

끊임없이 고락을 윤회하게 한다.
스스로 만든 태풍으로
마음의 파도를 일으키기 때문이다

2023년 총무원장 소임을 맡게 되었다.
능력과 소질에 비해 과분한 자리다.
하지만 이 또한 인연 연기의 모습일 뿐
실상(實相)의 내용 즉,
마음 감정은 달라지지 않는다.
고락 업에 의한 인과의
그림자일 뿐이라는 것을
누구보다 잘 알기 때문이다.

실상은 나의 고락 업에 있다.
나 스스로 좋다고 느낀다면
좋은 업이 나타난 때가 되었을 뿐이다.
좋다고 느끼는 인과로 인하여
언젠가는 싫고 나쁜 업에 의해
그만큼 좋지 못한 일이 또 생길 것이므로
결코 좋은 것이 아니라는 것을 잘 안다.

그러므로 연기의 모습을 그저 바라볼 뿐

남들이 생각하는 것처럼

마냥 좋다고 생각하지 않는 것이

나의 솔직한 심정이다.

그러니 좋다고 생각하지 않음으로

싫고 나쁜 일 또한 생기지 않을 것이다.

지금이나 나중이나,

총무원장을 하든지 하지 않든지

아무런 상관이 없다.

그래서 항상 평안한 마음이다.

이와 반대로 남들이 보기에 싫고

나쁜 일이 닥친다 하더라도

여기서도 마음은 달라지지 않는다.

싫고 나쁜 일을 싫고 나쁘다고 생각하지 않고

그저 인연 연기의 모습으로 받아들이면서

집착하지 않기 때문이다.

적어도 나 스스로에게는

결코 싫거나 나쁜 일로 생각되지 않으므로

이 또한 아무 상관없이

마음은 늘 평안하다.

바로 이러한 자세가

존재의 실상을 깊이 통달한다는 것이다.

언제 어느 때 무슨 일이 벌어진다 해도

좋고 싫은 고락을 분별하지 않고

인연 연기의 모습으로 그저 바라볼 뿐이다.

그래서 스스로 마음을 평안하게 한다.

그래도 조금이라도 마음 감정이 흔들리면

바로 이때 기도와 참선, 보시와 정진으로

마음을 다잡아야 한다.

29

散華顯諸無著
산화현제무착

산화는
집착
없음을
나타내고

산화(散華)는 꽃을 뿌린다는 뜻이다.
화려함과 빛나는 것을
흩트린다는 의미다.
왜냐하면 빛나고 화려함은
기쁨과 즐거움을 주는 것이지만
바꾸어 말하면 어둡고 화려하지 않는
인과를 낳게 되기 때문이다.
곧 괴로움과 슬픔의 인과가 따르므로
이러한 과보를 받지 않기 위함이다.

사람들은 무조건 좋고 즐겁고 기쁘고
행복하고 만족한 것을 선택하려 하지만

반드시 싫고 괴롭고 슬프고
불행하고 불만족한 인과가
따른다는 사실을 간과한다.
그러므로 이러한 삶은
곧 악순환을 거듭하게 된다.

따라서 이렇게 하면 좋고,
저렇게 하면 나쁘다 하는 분별이
좋고 싫은 고락의 인과를 낳는다.
그렇기 때문에 바라는 것을 성취하여
기분이 좋은 즉시 그 인과로 말미암아
기분이 좋지 않은 과보가 생긴다.
바라지도 않는 좋지 않은 일이
저절로 생긴다는 말이다.

그러므로 애초에 바라는 마음이
생기지 않아야
바라지 않는 것도 생기지 않는다.
따라서 광채를 흩뜨림으로써
좋은 것을 바라는 집착마저
아예 생기지 않는 이치를 알아야 한다.

바라고 원하는 마음을 없애는 것이
과연 가능한 일인가?
그리고 설사 바라고 원하는 것을
없앤다고 한들 남는 것이 무엇인가?
이런 의문이 드는 것은 너무나 당연하다.
하지만 적어도 원하는 만큼의
원하지 않는 것이 생긴다는
인과법은 알고 살아야
실망하는 마음이 덜하기 때문이다.

따라서 이러쿵저러쿵 시비분별하는 이유는
결국 내가 원하는 것을 얻어서
기분을 좋게 하기 위한 것이다.
하지만 인간관계에서 일어나는
일체의 시시비비는 결코 그 자체가
중요한 것이 아니다.

이 모든 시시비비는 좋고 싫은 고락의
인과 업에 의해 이루어진다.
따라서 고락의 분별 업을 없애
중도의 마음으로 전환하기만 하면 된다.

그렇게 되면 모든 인간관계의 시시비비는 사라지고
그저 인연 연기하는 모습을
있는 그대로 보고 받아들이게 된다.
곧 평안한 마음만이 남을 뿐이다.

그러니 인간사 모든 일에 가타부타 말고
인연 연기에 무조건 맡겨
집착하는 마음을 놓고 또 놓아야 한다.
그리하여 좋고 싫은 고락을 분별하지 않으면
일체의 근심 걱정에서 해방되어
항상 평안한 마음으로
여법하게 살아갈 수 있을 것이다.

30

彈指以表去塵
탄지이표거진

탄지는
번뇌
버림을
표하였도다

탄지(彈指)는

손가락으로 한 번 퉁기는 순간을 말한다.

순식간에 번뇌를 제거하라는 말이다.

순식간의 순(瞬)은

눈을 한 번 깜박이는 시간이고

식(息)은 한 번 숨을 호흡하는 시간이다.

그만큼 짧은 시간에 일어나는

분별심이 곧 번뇌를 일으킨다.

삽시간에 일어나는 분별을 막으려면

분별이 없는 무분별심 즉,

무심한 상태의 마음이 이루어져야 한다.

이는 반드시 참선과 염불, 기도가 필요하다.

참고로 삽시간(霎時間)은 빗방울(霎)이
하늘에서 땅으로 떨어지는 시간을 말한다.
비슷한 말로 별안간(瞥眼間)이라는 말도 있다.
한 번 언뜻 보고(瞥) 스치는 사이의 짧은 시간이다.

가장 짧은 시간은 역시 찰나(刹那)이다.
10의 -18승을 의미하는
소수 단위의 시간이다.
한 찰나에 900번 나고 사라지는
생멸이 이루어진다고 한다.
좋고 싫은 고락의 분별심이 사라지면
시간은 멈춰지고 동시에
생사와 생멸이 사라진다.

번뇌 즉, 좋고 싫은
고락의 분별심을 없애려면
손가락을 퉁기는 시간 안에
모든 것을 해결해야 한다.
한순간이라도 고락을 일으키면

108번뇌가 동시에 생긴다.
더불어 괴로움의 과보를 받게 된다.
그래서 호흡 간에 생사가 오간다고 하는 것이다.
이 순간 일어나는
생사고락의 분별심을 놓고 또 놓아야
영원히 생사와 고락이 사라진다.
따라서 괴로움은 사라지고
적멸한 중도 해탈을 이룬다.

신구의 삼업 즉, 모든 것을 움직여
살아가는 모습은 모두가 좋고 싫은
고락 분별의 업에서 비롯된다.
몸뚱이의 움직임은 곧 시간과 공간을 만들고,
이런 말 저런 말 또한 고락 분별심에서 나온다.
생각하는 것 역시 마찬가지다.

사람이 살아가는 것은 분별하는
고락 업이 계속됨을 말한다.
즉, 본능적으로
좋다 싫다 하는 분별심으로 말미암아
좋은 것은 무조건 취하려고 한다.

좋은 것을 취하려 하기 때문에
싫고 나쁜 인연 과보 또한
저절로 생기는 것이다.
따라서 좋고 싫은 분별 업의
악순환은 계속될 수밖에 없다.

따라서 좋은 일 나쁜 일은
고락의 분별 업에 의해
저절로 나타나는 것이다.
내 마음이 좋다 싫다 하는 분별 업에서
벗어나지 못하는 한
안이비설신의(眼耳鼻舌身意) 육근(六根)과
색성향미촉법(色聲香味觸法) 육경(六境)을 통해
육식(六識)의 좋은 일 나쁜 일, 좋고 싫은 인연들이
인과에 따라 계속적으로 연기하게 된다.

그러니 작은 탐진치는
작은 인연 과보로 이어질 것이요,
큰 탐진치는 큰 인과로 나타날 것이다.
좋고 싫은 일들은 어쩔 수 없이 반복될 것이다.
이를 극복하기 위해서는

손가락을 튕기는 탄지의 시간 안에
분별 망심을 잠재워야 한다.

그러므로 마음 밖으로 좋다 싫다 하는
분별을 하지 말아야 한다.
이는 나의 고락 업이 주범이고
밖에서 일어나는 모습들은
종범에 불과하다.
손가락을 튕기는 시간 안에
번뇌를 일으키지 않으려면
기도와 참선, 보시와 정진밖에 답이 없다.

제4장   한바탕   환화와 같은
         꿈속의   중생을
         불사를   널리
         크게 지어 제도하라

메아리와 같은 육바라밀을 행하여
만행이 허공 꽃과 같음을 수행하여 익히라
인연으로 생기는 성품 바다에 들어가
항상 환과 같은 법문에서 노니니라
본래 물들지 않는 번뇌를 맹세코 끊어
유심의 정토에 태어나기를 발원하노니
실제적인 진리의 경지를 이행하여
얻을 것이 없는 관법의 문에 드나들며
거울 속 형상 같은 마군을 항복받고
한바탕 꿈속의 불사를 크게 지어
환화와 같은 중생을 널리 제도하고
다 함께 적멸보리를 증득하여지이다

31

施爲谷響度門
시위곡향도문

메아리와
같은
육바라밀을
행하여

곡향(谷響)은 메아리다.

다시 돌아온다는 뜻이다.

무엇이 다시 돌아오는가?

도문(度門)으로 들어가면 된다.

도문은 곧, 육바라밀(六波羅蜜)의

문에 들어가라는 말이다.

육바라밀은 보시(布施), 지계(持戒), 인욕(忍辱),

정진(精進), 선정(禪定), 지혜(智慧)이다.

육바라밀을 행해야

분별의 업이 사라지게 된다.

좋고 싫은 고락의 분별심이 완전히 사라지면

저절로 육바라밀이 이루어진다.
곧 보살이 된다는 뜻이다.
보살이 하는 모든 행위가
육바라밀 수행이다.

그러므로 행하기 힘들어도
보살이 하는 육바라밀을 수행하여
좋고 싫은 고락의 인과를 없앤다.
이어서 분별의 업도 사라지게 한다.
그리하여 궁극적으로
보살의 경지에 이르면
모든 고통과 괴로움의
윤회를 멈출 수 있다.

따라서 세상의 모든 움직임은
인연 연기에 따라
필연적으로 이루어지는 모습이다.
문제는 각자가 지니고 있는
좋고 싫은 고락의 업에 따라
작용할 뿐이라는 것이다.

고통과 괴로움이 나타나는 것은
이미 있었던 즐거움과 기쁨에 의한 것이다.
즐거움과 기쁨이 나타나는 것은
고통과 괴로움이 있었던
결과로 나타나는 것이다.
따라서 모든 행위와 모습은
자신의 고락 업에 따라
좋고 싫은 결과로 이어진다.

그러므로 무슨 일이 벌어지더라도
그것은 인연 연기의 작용일 뿐이다.
자신의 고락 업에 따라
좋다 싫다 하는 분별심이 일어날 뿐이다.
보이는 대상이 문제가 아니라
모든 것이 나의 고락 업에서
생기는 것을 알아야 한다.

어쨌든 자신의 고락 분별심을 잠재우고
육바라밀 수행으로 고락 업을 멸하여
자유자재의 보살이 되어야 한다.

32

修習空華萬行

수습공화만행

만행이
허공 꽃과
같음을
수행하여
익히라

제행무상(諸行無常)

제법무아(諸法無我)

열반적정(涅槃寂靜) 또는

일체개고(一切皆苦)의

삼법인(三法印)과 같은 말씀이다.

제행(諸行)은 무상(無常)하다.

따라서 일체(一切)가 무아(無我)이다.

이를 알면 열반(涅槃) 적정(寂靜)하여

고요한 마음이 되지만,

이를 알지 못하면

일체 모든 것이 괴로움의 과보를 받는다.

그러므로 수행하고 익혀서
중도(中道)의 마음을
이루라는 뜻이다.

모든 움직임은
항상 하지 않는 연기의 그림자일 뿐이다.
그래서 나라고 할 것이 없다.
그러므로 이를 여실히 알고
고락시비 분별하지 않아야
그대로 깨달음을 얻어
마음이 안락하게 된다.
이를 알지 못하면
늘 괴로운 마음이 떠나질 않는다.

매스컴은 각자가 보는 관점에 따라
이것이 옳다 저것이 그르다 하며 우긴다.
그러나 알고보면
온갖 모습의 행위(萬行)들은
인연 연기의 허공 꽃(空華)과 같은
그림자일 뿐이다.
시간이 흐르면 모두가 잊혀질 것들이다.

바람이 불면 파도가 출렁이지만
바람이 잦아들면 파도가 잔잔해지듯이
언제 그랬냐는 듯 잠잠해질 것이다.
여기에 옳고 그르다 하며
시시비비하는 것은
허공의 메아리와 같다.

정작 진짜로 알아야 할 것은
한 사람 한 사람이 가지고 있는
좋고 싫은 고락의 인과 업이다.
사건의 당사자는 물론이거니와
이를 보는 제삼자들이 지니고 있는
고락의 업이 진짜 핵심이고 본질이다.

사건 당사자는 당사자대로
고락 업이 작동하여 기분이 좋거나
기분이 나쁜 인연으로 나타나는 것이다.
이를 보는 제삼자 또한
보는 관점에 따라 기분이 좋거나
기분이 나쁜 고락의 인과 인연으로
나타나는 것이다.

좋고 싫은 고락의 업은 누구나 같다고 했다.
다만 기분이 좋은 업의 질량만큼
기분이 나쁜 질량의 업이 생기는 것은
인과의 진리다.

따라서 좋은 기분을 경험한 만큼의
싫고 나쁜 기분의 과보로 이어지는 것이
인과의 시절인연이다.

하나의 사건 자체는
연기의 모습에 불과하다.
자신이 지니고 있는
좋고 싫은 고락 업에 따라서
좋고 싫은 현상의 일이
벌어진다고 보는 것이
정확한 견해이다.

어떤 행동을 하더라도
어떤 일이 닥치더라도
이는 자신의 좋고 싫은
고락의 인과 업에 의해

부수적으로 나타나는 현상들이다.
만약 자신의 고락 업이 없고
분별하지 않는 중도의 마음을 가진다면
어떤 행동을 하고
어떤 일이 닥치더라도
아무 상관이 없다는 말이다.

어떤 사건에서 당사자도 그렇겠지만
이를 보는 제삼자 또한
자신의 고락 업에 의한 시절인연에 따라
기분이 좋을 수도 있고,
기분이 나쁠 수도 있다.
사건의 모습은 그저
연기의 작용일 뿐이다.

진짜 알아야 할 내용은
각자의 좋고 싫은 고락의
인과 업의 문제라는 것이다.

따라서 육근(六根), 육경(六境),
육식(六識)으로 나타나는

일체의 현상 모두는
그저 연기의 그림자 모습일 뿐이다.
공화(空華)에 지나지 않음에도 불구하고
여기에 고락시비와 일희일비하는 것은
연기와 공화에 문제가 있는 것이 아니라
자신의 좋고 싫은 고락의 업이
작용할 뿐이라는 사실을
분명히 깨달아야 한다.

바람의 인연에 의해
파도가 출렁이는 모습을 보고
바람과 파도에 대하여
좋다 싫다, 옳다 그르다 하며
고락시비하는 것은
지극히 바보 같은 짓이다.
문제는 이를 보는 자신이 스스로 만든
고락시비의 분별심이라는 것을
여실히 깨달아야 한다.

따라서 자신의 고락 인과 업을 멸하는 것만이
연기와 공화의 그림자에서 해방되어

평안한 마음을 가질 수가 있다.

그럼에도 불구하고 이를 이해하기 힘들거나
아직도 허공 꽃과 같은 그림자 현상에
집착하는 마음을 가지고 있다면
기도와 참선, 보시와 정진의 힘으로
지혜를 갖춰야 할 것이다.

33

深入緣生性海

심입연생성해

인연으로
생기는
성품 바다에
들어가

성해(性海)란

진여(眞如)의 성품을

바다에 비유한 것이다.

바다 표면은 바람이라는

인연에 의해 항상 출렁이지만

깊은 바다는

늘 고요하고 변함없듯이

성해와 같은 진여의 자성(自性)을

찾으라는 의미다.

따라서 연기에 의해 출렁이는

바다 표면에 집착하여 노닐지 말고

진여 자성의 바닷속으로 들어가서
분별할 것 없는
마음의 평안을 얻으라는 뜻이다.

분별 감정은 파도와 같은 것이다.
한쪽의 파도가 높으면
한쪽의 파도는 깊이 내려가기 마련이다.
이는 좋고 싫은 고락 인과의
마음 모습과 같다.
한쪽이 좋으면 자연히 한쪽은
싫고 나쁜 인연 연기의 인과가
나타난다는 말이다.

원하는 것이 성취되어 크게 기뻤다면
동시에 괴로운 인과가 생겨서
언젠가는 기쁜 만큼의 괴로움이
현실로 나타나게 된다.
이를 업과(業果) 또는 업보(業報)라고 했다.
새옹지마(塞翁之馬)이다.

과거 현재 미래의 삼세(三世)에 걸쳐서

즐겁고 기쁘고 행복한 것을 모두 합한 무게와
삼세에 걸쳐 괴롭고 슬프고 불행한 것
모두를 합한 무게는 똑같다.
이를 인과라고 하고 과보라고 한다.

일 년을 놓고 볼 때
여름에는 낮이 길고 겨울에는 밤이 길지만
밤낮의 시간을 모두 합해보면
낮과 밤의 길이는 1초도 차이가 나지 않는다.
좋고 싫은 고락의 감정 또한 이와 같아서
어느 때는 즐겁고 행복하지만
어느 때는 괴롭고 불행한 일이 생긴다.
이를 시절인연이라 하고
인과의 법칙이라고 한다.

따라서 여름은 여름대로
겨울은 겨울대로
낮이 길면 긴 대로
밤이 짧으면 짧은 대로
좋고 싫은 고락의 분별 감정을
갖지 말아야 한다.

그래야 여름이든 겨울이든 아무런 상관없이
고요한 바다와 같은 중도의 마음이 될 것이다.

그러므로 힘든 일이 생긴다는 것은
힘들지 않고 좋은 때가 있었다는 말이다.
즐겁고 기쁜 일이 생기는 것은
힘들고 괴로운 일이 있었다는 말이다.
이를 인연 과보 연기의 모습이라 한다.
이에 더 좋은 것을 찾으려 하거나
싫은 것을 무조건 멀리하려는
분별심으로 일희일비한다면
고락의 윤회는 계속될 것이다.

그러니 이런 일 저런 일,
이곳저곳에서 이 사람 저 사람 등
그 어떤 인연 모습을 만난다 하더라도
이는 바다의 파도가 일렁이는 것과 같은
인연 연기의 모습일 뿐이다.

핵심은 좋고 싫은 나의 고락 감정의 업에 따라
좋은 일, 싫은 일을 분별하는 것이

문제일 뿐이다.

따라서 항상 이를 잊지 말고 살아가야 한다.

기도와 참선, 보시와 정진으로

좋고 싫은 고락 분별 감정의

인과 업을 멸하여

깊은 바닷속처럼 평안하고

변치 않는 영원한

진여 자성을 찾아야 할 것이다.

34

常遊如幻法門
상유여환법문

항상
환과 같은
법문에서
노니니라

환(幻)이란
변하여 사라지는
허깨비를 말한다.
모든 것이 환과 같다는
진리의 문을 열어서
아는 것이 법문(法門)이다.
그러므로 집착할 이유도 없거니와
좋다 싫다는 고락의 분별을 할
필요가 없다는 것이다.

만약 원하는 시험에 합격을 했다면
더 없는 기쁨이요 즐거움일 것이다.

앞으로의 삶에서
상당한 것들이 보장되기 때문에
얼마나 좋을 것인가.

그러나 기쁨과 즐거움,
행복에 따른 인과가 생기기 마련이다.
얻은 만큼의 과보로
불행이 잠재되어 있다가
딱 그만큼의 괴로움과 슬픈 일들이
여러 형태로 나타나게 된다는
사실까지도 알아야 한다.

바라는 일이 성취되어 행복하거나
즐겁고 기쁜 마음을 만끽했다면
인연 과보에 따라
딱 그만큼의 불행한 일과 괴로운 일이
여러 가지 형태로 나타나는 것이
인과의 법칙이다.
그러니 조금만 생각하면
지금 나타나는 일을 보고도
앞으로의 일이 어떻게 전개될지

금방 알 수 있어야 한다.

따라서 좋은 일을 분별하면
나쁜 일이 분별되고
즐겁고 기쁘고 행복한 마음을 분별하면
괴롭고 슬프고 불행한 마음이 분별되는 것이다.
이를 인과의 분별 업이라 한다.
이러한 분별을 하면 할수록
좋고 싫은 고락의 마음과
그에 따른 좋고 싫은 고락의 일들이
끊임없이 반복된다.

이러한 분별 업은 연기의 환상만이
그림자처럼 나타났다 사라질 뿐이다.
어디에도 실체가 없을뿐더러
남는 것이라고는 아무것도 없다.
그저 좋고 싫은 고락의 분별 업만
오락가락할 뿐이다.

남편이 속을 썩인다.
부인이 속을 썩인다.

자식이 속을 썩인다.
속이 썩어서 마음이 괴롭고
기분이 나쁘다는 것은
좋은 것을 경험한 과보 때문에 나타나는
나의 분별 업이다.
상대가 속을 썩이기 이전에
자신의 업이 나타날 때가 되었으므로
상대로 하여금 좋고 싫은 고락의
감정을 일으키는 것이다.

그러므로 모든 일과 모든 인연은
나의 좋고 싫은 고락 분별의
인과 업 때문에 생기는 것이다.
나의 고락 인과 업을 분별하지 않아야
좋고 싫은 일, 좋고 싫은 인연이
생기지 않을 것이다.
나의 고락 업에 집착하여
절대로 분별하지 말고
이런 모습 저런 모습의 인연 연기를
있는 그대로 보고 받아들이기만 하면
좋고 싫은 일들은

애초에 생기지 않는다.

있는 그대로를 보지 못하거나,
모든 것은 허깨비와 같이
공하다는 것을 알지 못하고
나의 분별 업을 보탠다면
아무것도 해결되지 않을 것이다.
모든 것이 환과 같음을 아는
진리의 문에서 노닐라는 것이
이 대목의 가르침이다.

그럼에도 의지대로 되지 않고
부글부글 끓어오르는 감정을
어찌할 수 없다면
기도하고 참선하며,
보시하고 정진하면서
나의 고락 분별 업을
조금씩 멸해가야 할 것이다.

35

誓斷無染塵勞

서단무염진노

본래
물들지 않는
번뇌를
맹세코
끊어

진로(塵勞)는

몸과 마음을 스스로 괴롭히는

분노, 욕망 등의 망념(妄念)

즉, 번뇌(煩惱)를 말한다.

번뇌는 공화(空華)와 같다.

본래 공하여

분별이 없는 자성(自性)과는

전혀 상관이 없다.

스스로 만들고 스스로 멸하여

사라지는 것이다.

따라서 이 같은 수고로움을

반드시 끊어야

스스로 괴롭지 않다는 뜻이다.

원하고 바라는 마음,
마음에 드는 것을 얻으려는 생각,
이 같은 분별심을 일으키면
그 즉시 원하지 않고 바라지 않는 것,
마음에 들지 않는 마음의 인과가 생긴다.
그래서 늘 괴롭고 힘든 마음이 생겨나므로
이는 속된 말로 본전치기밖에는 안 된다.
이를 분별심으로 생긴 인과로서
번뇌라고 한다.
이를 맹세코 끊고 또 끊어야
본래의 성품인 자성을 찾게 된다.
그리하여 고통과 괴로움이 사라지고
힘든 모습이나 장애 되는 일들이
일어나지 않는다.

이 같은 분별 번뇌를 없애려면
어떤 일을 대할 때 이것은 좋고 저것은 싫다 하는
고락의 분별심을 일으키지 않아야 한다.
이렇게 해도 인과 연기의 모습이요,

저렇게 해도 인과 연기의 모습이다 하는 생각으로

그 일이 어떤 결과를 만들더라도

그 결과까지도 좋고 싫은 분별심을

일으키지 말아야 한다.

그리고 좋다 싫다 집착하는 마음을 놓아

스스로 마음을 평안히 해야 한다.

일을 풀어나가려는 생각은

그 일이 원하는 대로 이루어져야

즐겁고 기쁜 마음을 가지기 때문이다.

그러나 항상 설명해왔듯이

원하는 대로 이루어지는 것에 따라

즐겁고 기쁜 마음을 갖게 되지만

이와 동시에 인연 과보가 생기기 때문에

원하지 않고, 풀리지 않는 경우도 일어난다.

따라서 괴롭고 슬픈 마음이 생기므로

좋고 싫은 분별된 일들이 계속 일어나게 된다.

좋다 싫다는 분별된 마음 없이

일을 대처하다 보면

또 다른 문제에 봉착할 수도 있다.

하지만 이때도 좋다 싫다는 분별심을
일으키지 말아야 한다.
더욱더 일이 복잡하게 되더라도
이때 역시 고락의 분별심을 내지 말아야 한다.
이런 식으로 계속 분별심을 놓고 또 놓아버리면
비로소 무심하고 무분별심이 업이 된다.
이때부터는 어떤 일에도 걸림이 없어지게 된다.
기어코 평안하고 편안한 마음이 된다.

일은 일일 뿐이다. 그리고 현상은 현상일 뿐이다.
인과 인연 연기의 모습일 뿐이다.
이렇게 되기도 하고 저렇게 되기도 한다.
문제는 나 스스로 만드는
좋고 싫은 분별심이다.
이러한 분별심으로 인해
좋은 것은 싫은 것을 낳게 되고,
싫은 것은 더 싫은 것을 낳게 되어
스스로 인과의 늪에 빠져서 허우적거리게 된다.

그러므로 이 모든 일과 현상들은
나의 고락 분별 업에 의해

스스로 좋고 싫은 사슬에 묶여서 웃고 울게 된다.
이를 벗어나려면 나의 고락 업인
좋다 싫다 하는 분별심을 없애기만 하면
그 즉시 모든 것이 해결된다.

가족을 위해,
중생을 위해,
사회와 국가를 위해,
세계 평화를 위해
…
잘되는 것은 잘못되는 인과를 낳는다.
결국 잘되는 게 잘되는 일이 아니라는 말이다.
각자가 가지고 있는 고락 분별의 업을
각자 스스로 없애는 것만이
세상을 구하고 나와 너를 구하는
자타일시성불(自他一時成佛)이 될 것이다.
명심해야 한다.

36

願生惟心淨土

원생유심정토

유심의
정토에
태어나기를
발원하노니

정토(淨土)는

서방정토(西方淨土)와 유심정토(唯心淨土)가 있다.

서방정토는 『미타삼부경』에서

서쪽으로 십만억 국토를 지나면

정토가 있다고 한 데서 유래한다.

그만큼 정토에 이르기가 어렵다는 뜻이다.

마음먹기에 따라 정토를 스스로 만드는 것이

유심정토이다.

欲得淨土(욕득정토) 當淨其心(당정기심)

隨其心淨(수기심정) 卽佛土淨(즉불토정)

청정한 국토를 얻고자 하거든
그 마음을 청정하게 하라.
그 마음의 청정함을 따르면
곧 불국토(佛國土)가 청정하리라

『유마경(維摩經)』에 나오는 유심정토의 내용이다.
일체가 마음이 근본이니 정토 또한 마음이 근본이다.
정토를 얻으려면 이 마음을 청정하게 해야 한다.
마음이 청정하지 않으면 설사 정토에 있다 한들
어찌 정토가 청정하겠는가.

마음을 맑히면 저절로 정토에 이르게 된다.
정토는 한 점의 고통과 괴로움이 없는 곳이다.
마음을 맑히는 요체는 분별심을 없애는 일이다.
이미 수백 번 언급했듯이
분별심은 괴롭고 즐거운 두 마음을 말한다.
그러나 즐거운 것을 구하려는 마음을 없애야
자연적으로 괴로움 또한 사라진다.

모든 것은 연기 법칙에 따라
생로병사(生老病死)하고 성주괴공(成住壞空)한다.

어떤 모습으로든지 일어나는 모든 인연 현상은
한 치의 오차 없이 생겨나는 것이다.
여기에 의문을 품거나, 좋다 싫다 하며
만족이나 불만을 가지는 이는
아직도 자신의 고락 분별 업에서 벗어나지 못하고
알지 못하고 있음을 알아야 한다.

좋은 것을 알기 때문에
좋은 것이 보이고,
싫고 나쁜 것을 알기 때문에
싫고 나쁜 것이 보인다.
바꾸어 말하면,
좋은 것을 알지 못하면
좋은 것이 보이지 않게 된다.
싫고 나쁜 것을 알지 못하면
싫고 나쁜 것이 보이지 않게 된다.

또한 좋은 것을 분별하지 않으면
좋은 것이 보이지 않는다.
좋은 것이 보이지 않으면
싫고 나쁜 것 또한 보이지 않는다.

이를 청정하다 하고 정토라고 한다.

한 걸음 더 나아가
마음을 한 단계 더 업그레이드 해보자.
좋고 나쁘거나, 옳고 그른 것을 구별하더라도
즐겁고 기쁘고 행복한 감정을
분별하여 얻으려 한다면
괴롭고 슬프고 불행한 감정이 똑같이 생겨난다.
감정으로 인한 인과가 나타나니
고락의 업은 계속된다.

좋은 것을 좋은 것이라고 하고
나쁜 것을 나쁜 것이라고 하며
옳은 것을 옳다고 하고
그른 것을 그르다 구별하고
판단은 해야 한다.
하지만 그 판단 위에
분별하는 마음을 얹지 말아야 한다.
그래야 고락의 인과가 생기지 않으며
고통과 괴로움이 뒤따르지 않게 된다.

따라서 현상의 모습과 괴롭고 즐거운 감정을
엄격히 분리해야 한다.
이것과 저것을 구별하는 것은 무방하다.
일어나는 인연 현상을
있는 그대로 바라보아야 한다.
하지만 원인과 결과가 인과 연기할 뿐
실체가 없다는 것을 분명히 알고서
의심하거나 집착하지 말아야 한다.
즉 즐겁다 괴롭다 하는 고락의 감정을
분별하여 일으키지 말아야 한다는 말이다.

참으로 어려운 일이기는 하다.
괴로움과 고통, 걱정 근심을 없애려면
이 방법 외 다른 방법은 없다.
이를 조금이라도 실현해가려면
기도와 참선, 보시와 정진을 통해
수행하지 않으면 안 된다.

37

履踐實際理地

이천실제리지

실제적인
진리의
경지를
이행하여

이지(理地)란 진리의 경지를 말한다.

이를 또 실제(實際)라고도 한다.

허망(虛妄)을 떠난 해탈 열반의 깨달음으로

진실의 극치, 깨달음의 경지를 뜻한다.

이는 또 있는 그대로의 참모습으로

차별을 떠난 본성(本性)을 의미한다.

한마디로 즐겁고 괴로운

두 가지 감정을 일으키지 말라는 것이다.

사람으로서 감정을 갖지 말라는 것이

어찌 말이 되는 소리냐고 따질 수도 있다.

그렇게 하지 않으면

좋고 싫은 인과가 계속되기 때문이다.
좋은 일과 나쁜 일이 생기는 것은
기분이 좋고 나쁜 마음이 있기 때문이다.
좋은 일에는 기분이 좋은 마음이 생기고
나쁜 일에는 기분이 나쁜 마음이 생기기 때문이다.

아무리 좋은 일도 기분이 좋지 않으면
좋은 일이 아닌 것이 되고
아무리 나쁜 일도 기분이 좋으면
나쁜 일이 되지 않는다.
따라서 기분이 좋아야 기분 좋은 일이 되고
기분이 나쁘면 당연히 기분 나쁜 일이 된다.

기분이 좋으면 기분 나쁜 인과가 생긴다.
기분이 좋을수록 기분이 나빠지는 인과가
예정되어 있는 것은 당연하다.
마치 해가 뜨면 지고, 낮이 가면 밤이 오는 것과
같은 이치다. 이를 인과라 했다.

그러니 옳고 그른 일 또한 나의 기분에 따라
옳은 것도 되고, 그른 것도 되며

보고 듣고 생각하는 모든 육식(六識)은

나의 좋고 싫어하는 인과의 기분에 따라

기분 좋게 보이기도 하고, 기분 나쁘게 들리기도 한다.

생각하는 것 또한 고락의 기분에 따라

좋기도 하고 싫기도 하는 것이다.

그러므로 일체의 모든 것을 있는 그대로 본다는 뜻은

나의 기분을 완전히 뺀 상태에서 보고 듣는 것을 말한다.

기분 감정을 일으키지 않는 마음이 되면

모든 것을 보고 듣고 대할 때

있는 그대로 보고 듣게 된다는 뜻이다.

따라서 그렇게만 된다면

잘잘못과 옳고 그른 시비는

아무런 의미가 없어진다.

즐겁고 괴로운 기분 감정이 없어지지 않는다면

그 어떤 현상을 대하더라도 눈곱만큼의 장애도 없다.

이런들 저런들 무슨 상관이 있겠는가.

무엇을 기어코 하려고 하는 마음은

기분을 나쁘지 않고 좋게 하기 위함이다.

그러나 기분이 좋은 만큼

기분이 나쁜 인과가 일어나니

이는 기분을 좋게 하지 않는 것만 못하다.

따라서 기분 감정을 완전히 없애버리면

모든 장애에서 벗어날 수 있다.

이를 일러 무분별심, 중도라고 한다.

바로 실제(實際)라고 하고 이지(理地)라고도 한다.

이러한 고락 감정의 업을 멸하려면

기도와 참선, 보시와 정진의

수행을 해야만 한다.

화두를 챙기고, 염불을 하고,

절을 하는 것 등이

모두 기분 감정의 분별심을 없애고

업을 멸하기 위한 것이다.

38

出入無得觀門
출입무득관문

얻을 것이
없는
관법의
문에
드나들며

관문(觀門)이란
여실히 보는 문을 말한다.
무엇을 여실히 보는가?
공을 여실히 보고
연기를 여실히 보며
인과를 여실히 본다.
그리하여 얻을 것이 없음을 잘 알아
분별하지 않는 마음의 문을
자유롭게 드나드는 것이다.

얻는다는 즉시 잃게 되는 인과가 뒤따르니
결과적으로 얻을 것이 없다고 하겠다.

얻을 것이 없으므로 잃을 것도 없다.
얻고자 하는 생각이나 감정이 없어야
장애가 없고 자유자재하게 된다.

바라는 것을 이루지 못하고
원하는 것을 얻지 못하면
사람에 따라 정도의 차이는 있으나
기분이 나빠지면서 괴롭거나 고통스럽다.
경우에 따라서는 마음이
극단적으로 치달을 때도 있다.

이러한 힘든 마음의 감정이 생기는 것은
단순히 바라고 원하는 것을 이루지 못하고
얻지 못했기 때문이 아니다.
근본적으로는 바라고 원하는 것이 성취되어
즐겁고 기쁘고 행복한 마음을 경험했기 때문이다.
그에 따른 인과로써
그 반대의 과보가 생겨난 것이다.

따라서 얻은 것이 있기 때문에
얻지 못하는 과보가 똑같이 일어나서 그렇다.

이때는 '나의 인과 업이 생겨났구나' 하고
관(觀)함으로써 기분 나쁘고 괴로워하는 마음을
얼른 잠재우고 달래야 한다.
이를 가리켜 얻을 것이 없는 관문(觀門)을
드나든다고 하는 것이다.

기도를 할 때도 이를 적용해야 한다.
기도를 통해 간절하게 원하면
절실하게 원하는 정도에 따라
원하는 것이 이루어지기도 한다.
하지만 그에 따른 인과가 생기는 것은 필연이다.
우리가 절실히 원하고 바란 것이
이루어졌다고 좋은 것만이 아닐 수도 있다.
원하는 것이 성취된 만큼 원하지 않는 것 또한
반드시 나타나게 된다.
이를 여실히 관하여
마음의 상처를 입지 않아야 할 것이다.

만약 다툼이 일어났다면
내가 원하는 것을 얻으려는 마음과
상대 또한 원하는 것을 얻으려 하는 마음이

서로 상충될 때이다.
이때는 내가 원하는 것이
이루어지지 못할 고업(苦業)이 나타날 시간이다.
상대 역시 상대가 원하는 것이
이루어지지 못할 고업이 나타날 시간이다.
이 둘이 서로 만났기 때문이다.

이때는 원하는 것이
이루어지지 않음에 대해
화를 내고 괴로워할 것이 아니다.
원하는 것을 밀어붙이면 밀어붙이는 대로,
물러서면 물러서는 대로
어느 것을 선택하든지 간에
그 인과를 조용히 관해야 한다.
화를 내거나 기분 나쁜
고업(괴로움)이 일어나지 않도록
스스로 마음을 달램으로써
다음에 똑같은 괴로움이 생기지 않도록 해야 한다.

따라서 항상 자신의 업을 관하면서
인과가 나타남에 대해 항상 깨어 있어야 한다.

일일이 좋고 싫은 고락의 감정을
일으키지 않는 습관을 들여야
똑같이 반복되는 업보가 생기지 않는다.

마음 다치지 않고
이러한 관문을 여실히 드나들고자 한다면
기도와 참선, 보시와 정진이
항상 생활 속에서 이루어져야 할 것이다.

39

降伏鏡像魔軍

항복경상마군

거울 속
형상 같은
마군을
항복받고

경상(鏡像)이란

거울에 비친 나 자신의 형상을 말한다.

거울에 비친 나의 모습 자체를

말하는 것이 아니다.

곧 내가 보는 모든 모습들이

결코 따로 있지 않고

나 자신 안에 있는 모습이

비춰졌다는 뜻이다.

그렇다면 이를 왜 마군(魔軍)이라 하며

왜 항복을 받으라는 것일까?

마음을 깨치지 못한 상태에서

보는 모습들은
분별심으로 보는 것이다.
이것이 좋으므로
저것이 싫고 나쁘다고 하는
인과가 생기기 때문이다.

이같이 분별로 보는 마음 상태로는
괴로운 마음에 의한 괴로운 일들이
끊임없이 생기기 마련이다.
그러므로 좋고 싫은
고락의 분별심을 마군으로 보고
이 같은 분별심을 항복 받아야 한다.
그래야 고통과 괴로운 마음이 사라지고
동시에 고통스런 일이나 괴로운 일이
생기지 않기 때문이다.

어떤 사람이 한 돈의 금을 가지고 있다.
그런데 나는 열 돈의 금을 가지고 있다.
한 돈 금을 가지고 있는 사람을 보니
내가 더 부자라서 기분이 좋고 행복하다.
그런데 또 어떤 사람이 백 돈의 금을 가지고 있다.

금방 좋았던 기분은 온데간데없고
거지가 된 기분으로 슬픈 마음이 든다.

매사가 이와 같이
한편으로는 기분이 좋지만
한편으로는 기분이 나쁜 것이
감정의 인과이다.
그래서 좋은 것을 좋다 하며 들뜨지 않아야
나쁜 것을 나쁘다고 들뜨지 않게 된다.
이 같은 기분 감정의 마군을 항복받아야
스스로 평안해진다.

한 돈을 가졌든 열 돈을 가졌든,
또 백 돈을 가졌든
이는 인연 연기에 따라
이렇게도 되었다가
저렇게도 되었다가 하는 것이다.
이는 내 마음의 모습이 비춰진
거울에 불과하므로
이를 보고 기분이 파도치면
감정의 격랑만 높아져서

마음이 시끄러워질 뿐이다.
따라서 이것을 보고 좋으면
저것을 보고 싫어지는
분별 인과가 생긴다.
따라서 늘 기분 감정이라는
마군을 항복받아야 한다.
어떤 것을 보고 대하더라도
내 마음의 거울이 비춰진 것임을
절대로 잊지 말고,
좋고 싫은 분별심을 일으키지 말지어다.

그리하여 상대의 움직임에 따라 반응하지 말고,
오롯이 나의 기분 감정을 일으키지 않아야 한다.
항상 연기의 모습들을 그저 물끄러미 바라보면서
내 마음의 거울임을 잊지 말고
늘 마음의 여유를 가져야 할 것이다.

40

大作夢中佛事
대작몽중불사

한바탕
꿈속의
불사를
크게 지어

사실 꿈이 아닌 것은 없다.
꿈이란 실재(實在)가 아닌 것으로
깨고 나면 사라지고 없다.
왜 꿈이 아닌 것이 없는가?
머물러 있는 것이 없기 때문이다.
다만 좋고 싫은 고락의 감정만 남아서
이어지는 것이 문제이다.

좋은 일은 싫고 나쁜 인과를 낳고
싫고 나쁜 것은 좋은 인과를 낳는다.
살아서나 죽어서나 도돌이표처럼
반복할 뿐이므로 결국

생사와 고락이 공전(公轉)할 따름이다.
그러므로 꿈에서 깨고 나면
남는 것은 아무것도 없다는 뜻이다.
깬다는 것은 진리를 깨친다는 뜻이다.

그럼에도 불구하고 꿈속에서라도
크게 짓는다는 불사(佛事)란
바로 좋고 싫은 고락의 분별심을
일으키지 말라는 뜻이다.
불사는 부처님의 일을 말하는데
다른 말로 불법(佛法)을 행하는 것이다.

부처님 법은 중도의 마음으로
성불하는 것이다.
좋은 것을 탐하거나 이를 얻고자 하는 것은
인과를 낳게 된다.
싫고 나쁜 것과 잃고 사라지는 것이
과보로 나타나기 때문에
결코 좋은 것이 아니고 얻는 것이 아니게 된다.

따라서 이러한 인연 과보로 인하여

기분이 나빠지거나

괴로움을 당하지 않으려면

좋고 싫은 분별심을 갖지 않아야 한다.

인연 연기를 그저 있는 그대로 바라보며

가타부타 하지 않는 중도심(中道心)을 가져야 한다.

결코 쉽지는 않겠으나

이 방법 이외에는 절대

고해(苦海)에서 벗어날 수 없다는 말이다.

걱정하지 말라.

가족도 친구도 이웃도

모두가 각자의 업식대로 살아간다.

내가 걱정한다고 업식이 달라지지 않는다.

설사 도움을 준다 해도

이는 그렇게 믿고 싶은 나만의 생각일 뿐이다.

각자가 무소의 뿔처럼 스스로 해결해야 한다.

자업자득(自業自得)이요

자작자수(自作自受)이다.

만약 걱정을 한다면

이 또한 나만의 업식에 불과하다.

걱정은 좋은 것을 얻지 못할까봐
애태우는 것이다.
그러므로 상대를 위해 걱정하기보다
내가 먼저 분별하지 않는 중도심을 보여
상대로 하여금 스스로
깨달음을 얻게 하는 것이 중요하다.
이는 진정한 자비(慈悲)이고 보살심(菩薩心)이다.

바로 이런 모습이 꿈과 같은 삶 속에서도
불사를 크게 짓는 것이다.
하나하나의 사안마다 일희일비할 것이 아니라
이 모든 것은 꿈에 지나지 않는다는 것을
항상 깨달아야 한다.
집착하지 않고 탐진치 삼독심을 일으키지 말며
늘 분별하지 않는 중도심으로 살아가야 할 것이다.

41

廣度如化含識
광도여화함식

환화와 같은
중생을
널리
제도하고

육식(六識)은

눈, 귀, 코, 혀, 몸, 생각으로

모양, 소리, 냄새, 맛, 촉감, 생각 등을

감지하여 알아차리는 것을 말한다.

눈으로 보고 모양을 인식하고

귀로 듣고 소리를 알아듣고

코로 냄새를 맡아 알아차리고

혀로 맛을 느끼며

몸으로 촉감을 인식하고

생각으로 오온(五蘊)의 기억을 일으킨다.

사실은 육식으로 감지하는

모든 인식들은 꿈과 같은 것으로서

실재(實在)하지 않고
허망하기 이를 데가 없다.
이러한 감정이나 의식을 갖고 있기 때문에
중생을 함식(含識)이라고 한다.
무엇 하나라도 온전히 남아 있지 않거니와
좋다 싫다 고락의 분별로 인해
이 순간도 육도를 계속
윤회하기 때문이다.

그러니 이러한 고해를 스스로 자초하지 말며
즐겁고 괴로운 고락의 분별심을 버리고
인과를 벗어나야 한다.
더 이상 근심 걱정, 고통과 괴로움의
번뇌 망상을 떠나서
중도의 적멸을 찾을 수 있도록
중생을 널리 제도하라는 뜻이다.

마음에 들지 않는 일이 있더라도
얼른 인과를 생각해야 한다.
'내가 또 좋고 싫은 분별심을 내고 있구나' 하고
마음에 들지 않는다는 생각을

빨리 내려놓고 평정심을 찾아서
스스로를 평안케 해야 한다.

화가 날 때는 얼른
'내가 지금 삼독심을 일으키고 있구나' 하고
스스로 마음을 자제하면서
'이 또한 내가 욕심을 부리고 있구나' 하고
알아차리고 참회해야 한다.
화가 나서 성을 내는 것은
마음을 어지럽히는 동시에
이러한 습이 그대로 업이 되어 남는다.
다음에 성내는 일이 또다시
생긴다는 것을 명심해야 한다.

저 사람은 왜 저럴까 하고
상대를 탓하는 일이 생기는 것은
상대의 태도 이전에
나 스스로 좋고 싫은 고락을
분별하고 있다는 것을 알아차려야 한다.
즉, 상대의 행동은 상대의 업에 의해
상대 스스로가 신구의 삼업을 짓는 것이다.

그러니 상대를 보고
좋다 싫다, 옳다 그르다 하며
분별하는 것은 순전히
나의 업에 의한 것일 뿐이다.
그리고 상대가 어떤 행동을 하든지
이는 상대의 업일 뿐임을 직시해야 한다.

다시 정리하면
상대의 말과 행동을 보고 화가 날 때
화가 나는 것은 나의 분별심이고
좋고 싫은 고락의 업 때문이다.
상대는 상대의 업에 의해 행동하는 것이므로
이는 어디까지나 상대의 몫이다.
상대의 행동을 보고 고락시비를 하면
나 스스로가 불편할 뿐만 아니라
나의 업으로 남아 있다가
다음에 똑같이 화가 나는 일이 생기게 된다.

그러니 늘 상대를 보고
대항하는 마음을 가질 것이 아니라
상대를 있는 그대로 바라보아야 하며

상대를 통해서
나의 고락 업이 나타난다는 것을
항상 명심해야 한다.

이렇게 하여
스스로를 제도하는 것이
바로 중생을 제도하는 것과 같다.
내가 부처가 되어야
모두가 부처인 줄 알게 되는 것이다.
기도와 참선, 보시 정진은
이를 위함이다.

42

同證寂滅菩提

동증적멸보리

다 함께
적멸
보리를
증득하여지이다

적멸(寂滅)이란

고요함마저 사라진 자리이다.

고요하다는 것은

시비와 고락의 시끄러움이 없는

상태를 의미한다.

고요하여 마음이 편하다는 것은

고요하지 않으면 불편하다는 생각을

이미 하고 있으므로

이는 상대적인 시끄러움의

인과가 생긴다.

따라서 고요하고 시끄럽다는

분별심의 인과마저 말끔히 없애야
비로소 진정한 중도의 깨달음인
적멸에 이른다는 뜻이다.
이를 보리(菩提)라고 한다.

다 함께 증득한다는 것은
내가 적멸의 보리를 이룬다면
모두가 자타일시성불이 되는 것이다.

그럼에도 불구하고
'중생이 아직 남아 있지 않느냐'고
생각할 수도 있으나
이미 모든 것이 부처 아닌 것이 없음이니
다만 각자 스스로가 환몽(幻夢)과 같은
고락의 업에 허우적거릴 뿐이다.
이는 없는 것을 스스로 만들어 노니는 것이다.
그 자체가 연기의 모습에 지나지 않으므로
꿈에서 깨기만 하면 된다.

요즘 온 나라가 진영으로 갈라져서
서로가 옳다고 주장을 하는 통에

시끄럽기 이를 데가 없다.
우리 불자는 이런 가운데서
정확한 위치를 취해야 한다.
어느 한쪽에 분명히 서라는 말이 아니다.
이런 현상이 왜 일어나는가를
부처님 법의 입장에서
확실한 견해를 가져야 한다.

정의와 불의는 상대적인 시비이다.
각자가 보는 관점에서 옳고 그름을 주장한다.
때로는 명백히 옳거나 그름에도 불구하고
말도 안 되는 주장을 한다 싶으면
속이 터질 때가 많을 것이다.
그러나 이 또한 각자 스스로 보는
눈높이에 따라 고집을 부리기 일쑤다.
장님이 코끼리를 만지며
자기가 만진 것만 생각하고
코가 코끼리다, 발이 코끼리다 하고
주장하는 것과 같다.

또 우리 편과 남의 편으로 갈라져서

우리 편이 하는 것은 무조건 옳고
남의 편이 하는 것은
무조건 그르다고 하기 일쑤다.
때로는 전쟁으로까지 치달을 정도로
심각하기 그지없다.
물론 이마저 연기의 모습일 뿐이다.
옳고 그름의 문제가 아니라
감정의 문제가 더 크게 작용한다.

이 대목에서 불교적인 안목을 가져야 한다.
바로 고락 업의 문제이다.
모든 중생은 좋고 싫은 고락의 업으로 살아간다.
좋은 감정의 업이 나타날 때가 있으면
싫고 나쁜 감정의 업이 나타날 때가 있다.
인과의 시절인연이다.

옳고 그른 시비나 정의와 불의는
연기적인 과정에 불과할 뿐이다.
문제는 이를 통해 기분이 좋거나
즐거운 감정의 낙업(樂業)이 나타나느냐,
또는 기분이 나쁘거나 슬픈

괴로운 감정의 고업(苦業)이 나타나느냐
하는 것이 본질이다.
다시 말해 고락의 인과가 본질이라는 말이다.

민주주의가 정의라고 한다면
그 정의가 공업(共業)으로 나타나는 반면
독재가 불의라고 한다면
독재의 불의가 공업으로 나타날 때가 있다.
이 또한 공업의 인과에 해당한다.
따라서 정의로 인한 불의,
불의로 인한 정의는
분별 인과의 산물로서
계속될 수밖에 없다.
물론 이 가운데서도 각자 개인의
고락 업이 작용하는 것은 당연하다.

그러니 자업(自業)이든
동업(同業)이든 공업(共業)이든
하나가 생기면 다른 반대의 하나가
저절로 생기기 마련이다.
어느 하나만을 가지려 한다거나

어느 하나를 내치려 해서는

좋고 싫은 고락의 업은 엎치락뒤치락하면서

영원히 윤회를 반복할 수밖에 없다.

따라서 이를 완전히 해결할 수 있는

유일한 방법은 분별하지 않는 것이다.

설사 시비를 주장하는 것까지는 이해할 수 있으나

절대로 좋고 싫은 고락의 감정을 얹지 말아야 한다.

그래야 고락의 분별을 떠나서

괴로운 마음을 여의게 되고,

적멸의 보리를 이룰 수 있을 것이다.

부록

만선동귀집　　총송 전문

萬善同歸集　　　總頌

만선동귀집 총송

萬善同歸集 總頌

菩提無發而發	보리심은 일어남 없이 일어나며
佛道無求而求	불도는 구함 없이 구해야 한다
妙用無行而行	아름다운 행은 행함 없이 행하며
眞智無作而作	참다운 지혜는 짓지 않고 짓는다
興悲悟其同體	대비심을 일으켜 일체가 한 몸임을 깨닫고
行慈深入無緣	대자심을 행하여 인연이 없는 곳까지 이르러라
無所捨而行檀	주는 바 없이 보시를 행하고
無所持而具戒	지키는 바 없이 계를 지켜라

修進了無所起　　수행 정진하되 일으킬 바 없음을 요달하고
習忍達無所傷　　인욕을 익히되 마음 상할 바 없음에 이르도다

般若悟境無生　　반야란 경계가 일어나지 않음을 깨닫는 것이며
禪定知心無住　　선정은 마음이 머물지 않음을 아는 일이다

鑒無身而具相　　몸이 없음을 비추어 보이는 모습을 원만히 하며
證無說而談詮　　설할 것이 없음을 깨달아 법을 설하도다

建立水月道場　　물에 비친 달그림자 도량을 건립하여
莊嚴性空世界　　본성이 텅 빈 세상을 장엄하라

羅列幻化供具　　환상과 같은 공양거리를 장만하여
供養影響如來　　그림자와 같은 여래께 공양하라

懺悔罪性本空　　죄가 본래 없는 줄을 알아 참회하고
勸請法身常住　　법신이 항상 머물러 있기를 권청하라

迴向了無所得　　마침내 얻을 바 없음에 회향하고
隨喜福等眞如　　복덕이 진여와 같음으로 기뻐하라

讚歎彼我虛玄　너도 나도 텅 비어 분별하지 않음을 찬탄하고
發願能所平等　나와 너 주와 객이 평등하기를 발원하라

禮拜影現法會　그림자처럼 나타난 법회에 예배하고
行道足躡虛空　허공을 밟는 듯이 행도를 삼아라

焚香妙達無生　생멸이 없음을 깊이 통달하여 향을 사르며
誦經深通實相　실상을 깊이 통달하여 경을 읽으라

散華顯諸無著　산화는 집착 없음을 나타내고
彈指以表去塵　탄지는 번뇌 버림을 표하였도다

施爲谷響度門　메아리와 같은 육바라밀을 행하여
修習空華萬行　만행이 허공 꽃과 같음을 수행하여 익히라

深入緣生性海　인연으로 생기는 성품 바다에 들어가
常遊如幻法門　항상 환과 같은 법문에서 노니니라

誓斷無染塵勞　본래 물들지 않는 번뇌를 맹세코 끊어
願生惟心淨土　유심의 정토에 태어나기를 발원하노니

履踐實際理地	실제적인 진리의 경지를 이행하여
出入無得觀門	얻을 것이 없는 관법의 문에 드나들며

降伏鏡像魔軍	거울 속 형상 같은 마군을 항복받고
大作夢中佛事	한바탕 꿈속의 불사를 크게 지어

廣度如化含識	환화와 같은 중생을 널리 제도하고
同證寂滅菩提	다 함께 적멸보리를 증득하여지이다

만선동귀집 종송

1판 1쇄 인쇄 2023년 9월 10일
1판 1쇄 발행 2023년 9월 21일

지은이   진우
발행인   정지현
편집인   박주혜

대표   남배현
본부장   모지희
책임편집   박석동
마케팅   조동규, 서영주, 김관영, 조용
관리   김지현
디자인   동경작업실

펴낸곳   (주)조계종출판사
등록   2007년 4월 27일 (제2007-000078호)
주소   서울시 종로구 삼봉로 81 두산위브파빌리온 1308호
전화   02-720-6107
전송   02-733-6708
이메일   jogyebooks@naver.com
구입문의   불교전문서점 향전(www.jbbook.co.kr) 02-2031-2070~1

ISBN 979-11-5580-208-3 (03220)

조계종
출판사   지혜와 자비의 눈으로 세상을 바라봅니다.